育児あるあるが楽しくなる！

子どもゴコロをつかむ子育て

ひろぴーファミリー

GB

はじめに

まずはこの本を手に取っていただき、本当にありがとうございます。ひろぴーファミリーのパパです。

「育児のリアルな大変さや楽しさをたくさんの人に知ってもらいたい」と、YouTubeチャンネル「ひろぴーファミリー～楽しく育児～」で我が家の子どもたちとの日々を発信し始めたのが2020年の春。昼間はサラリーマンとして、夜と休日は3児のパパ&クリエイターとして勤しむ日々も、早いもので4年が経ちました。

YouTubeを始めたきっかけは、虐待を受けて命を落とす子どもたちがいるというニュースを目にして、「何か自分たちにもできないか…」と強く思ったことでした。育児をしていれば、辛いと思うことや孤独を感じてしまうことは少なくない

どうもこんにちは！
ひろぴーファミリーです！

と思います。そんな時に僕たちの動画を見て、「大変なのは自分たちだけじゃない」と誰かの助けになれたら…そんな想いでここまで走り続けてきました。

実は僕自身、もともとは子どもが大好きというわけではありませんでした。でも、自分の子どもが産まれたことで価値観が大きく変わり、子どもたちから教えてもらうことの多さに心を動かされるようになりました。育児は子どもを「育ててあげている」という上から目線の意識では失敗することが多いと思います。同じ家族で生まれてきた以上、上下関係はなくお互い切磋琢磨できる「仲間」なんです！

僕は子育てにおいて「どれだけポイント（信頼）を貯められるか」が重要だと思っています。
たとえばモノを買ってあげるだけだとその時はすごく喜ぶかもしれませんが、実はそんなにポイントは上が

らないです。親が時間や身体を使い、鬼ごっこやかくれんぼ、たたかいたたかい、子どもが興味のあることにとことん付き合う。公園へ連れて行き思い切り遊ぶ、保育園でのできごとを友だちのように聞く。めんどくさくても、できる限りの時間と身体を使うことで親のポイント（信頼）はどんどん貯まり、やがてここぞというときに、こちらのお願いを素直に聞いてくれやすくなり、育児がとってもラクになります。

普段、動画を見せたりゲームをさせたり、ポイントも貯まっていないのにやってほしい時だけ子どもに指示したりしていませんか？　ポイントを貯めれば回りまわって自分に返ってきます！　ぜひ一度、子どものポイント貯金をしてみてはどうでしょうか？

この本には、僕たち流の「育児を楽しむコツ」はもちろん、「心の余裕が持てる時間管理術」や「家庭円満に欠かせない夫婦の連携」、「育児の〝困った！〟を解消するヒント」などをぎゅぎゅっと詰め込みました。

僕の目標は、虐待を受ける子どもを１人でも減らすことです。そのために、自分たちにできることとして、「１８９」ダイヤル（児童相談所虐待対応ダイヤル）の啓蒙活動をしたり、動画配信などから得た収益を児童虐待防止団体やひとり親家庭支援団体に毎月寄付したりすることを続けています。この本の印税などもすべて前記の団体へ寄付いたします。

永遠に続くように思える育児も、必ずいつか終わりが来て、親の手を離れる時が来てしまいます。限りある子どもとの時間を、大人の方こそ楽しんでいけたらいいですね！

ちょっと疲れたなと感じたら、ページをめくって、子育てのヒントを見つけたり、クスッと笑ってもらえたりしたなら、本望です。

ひろぴーファミリー構成

4人目妊娠中

ママ

カメラと洋服が好きで3姉妹や家族のおそろいコーデを考えるのが得意な優しいママ。ひろぴーファミリー写真館で働く。

「ひろぴーファミリー」は僕の名前からとっています

パパ

会社員として働きながらYouTube チャンネルの企画・撮影・編集も自らこなす仕事人間。家族と過ごす時間が何よりも大切な漢。

三女 ひより

2021年2月生まれ。泣き虫で甘えん坊なザ・妹。家族の中で一番よく食べる。白米が大好き。

次女 ひまり

2019年12月生まれ。変顔が得意なお笑い担当。チャレンジ精神旺盛で怖いもの知らずな自由人。

長女 ひなた

2018年2月生まれ。妹たちの面倒やお手伝いを積極的にしてくれるしっかり者。小学生になったばかり。

ひろぴーファミリーの歩み

2010.03

出会い

ママの母の紹介で、パパが働いていた牛丼屋さんのアルバイトにママが入ってきたのが最初の出会い。初めからお互い意識し合っていました。

2011.02

交際スタート

ママのアプローチもあり、パパから告白。交際中はよく県外などに旅行をしていました。お互い就職するなど環境の変化がありつつも、大きなケンカをすることもなく仲よく過ごしていました。

2017.07

結婚

「一生守っていきたい」という想いでプロポーズをし、晴れて結婚。結婚式では、目立ちたがりのパパが歌いながら入場したり、乾杯の前にシェフとして登場したりと張り切ってしまいました。

2018.02

長女・ひなた誕生

よく寝るおとなしい赤ちゃんでした。この頃パパは土日も仕事があることも多く、ほぼママのワンオペでした。

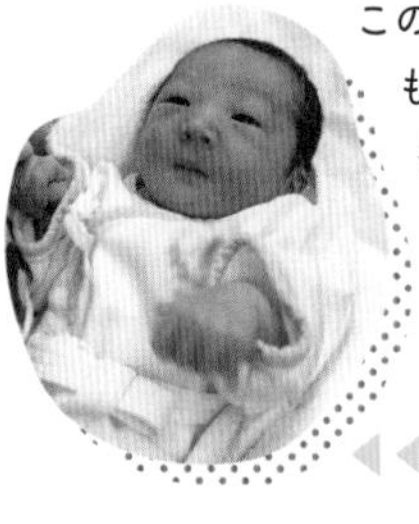

2019.04

Instagram開始

Instagram アカウント「hiropy_family」を開始。当初は副業でやっていた実演販売のことをメインに投稿していました。

2019.10

パパ転職

以前は営業職で残業も多い職場でしたが、子どもとの時間を取れないことなどに疲弊し、転職。土日休みでほぼ定時に上がれるような内勤の仕事に就きました。

2024.06

念願の書籍発売！

パパの念願だった、書籍（本書）を出版！

2024.04

YouTube登録者30万人突破

おかげさまでたくさんの方に応援していただき、本当にありがとうございます！これからも応援よろしくお願いします！

2024.01

8月に
4人目誕生予定

ママ転職

ママの体調や育児との両立を考え、ひろぴーファミリー写真館のスタッフとして転職しました。

2019.12

次女・ひまり誕生

ミルクをよく飲むふくよかな赤ちゃんでした。

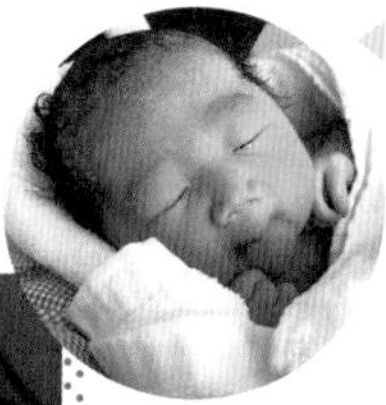

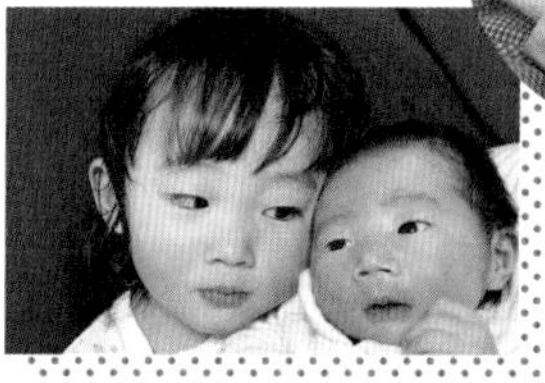

2020.03

YouTube開始

児童虐待のニュースを見て何かできることはないかと考え、自分たちの育児のリアルを発信するYouTubeチャンネル「ひろぴーファミリー〜楽しく育児〜」を開設。収益化したら慈善団体に寄付することを目標にしていました。

2020.06

TikTok開始

若い世代の人たちにも子育てに前向きな気持ちを持ってもらえたらと、TikTokアカウント「hiropy」を開始。育児の「あるある」や子どもたちとの面白い生活を発信しています。

2021.02

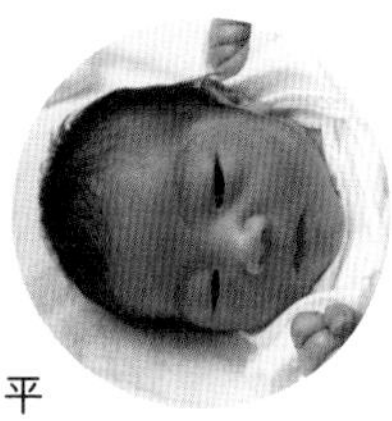

三女・ひより誕生

静かでおとなしい赤ちゃん。姉たちが騒いでも平然と寝ているたくましさがありました。

子育てに悩むみなさんへ

同じ子どもをもつ親として、
私たちから伝えたいことがあります。

毎日、仕事に家事に育児に…本当にお疲れ様です。子育てって思い通りにいかないし、何が正解かわからないし、時間もお金も精神力も削られる…。そんな日々が続けば、疲れてしまいますよね。周りと比べて自分の育児に自信をなくしたり、子どもの成長に不安を抱いたり、相談できる人がいなくて孤独を感じたり、子どもをかわいく思えなくなったりしてしまうこともあるかもしれません。

でも、**絶対にひとりじゃありません**。同じような悩みを抱える人は必ずいるし、支えてくれる人や場所もたくさんあります。もしひとりで悩んでいるのなら、声を上げてみてください。

児童虐待防止への想い

虐待によって命を落としてしまう子どもたちは、どれくらいいると思いますか？

2021 年には 49 人、統計を開始してから平均して年間 50 人以上、**1 週間に 1 人の子どもが虐待によって亡くなっている**のです。児童相談所への虐待の相談も年々増加しており、2021 年では年間 20 万件超の相談が寄せられています。

児童虐待防止に関する団体の紹介

私たちの SNS やイベントなどの活動で得た収益は、毎月、児童虐待防止やひとり親支援を行う団体へ寄付しています。こうした団体を知っていただき、ぜひ一緒に応援していただいたり、もし困っているなら支援を求めてみたりしていただければと思います。

認定 NPO 法人児童虐待防止協会

子ども虐待の当事者、子育てに悩む親が相談できる「子どもの虐待ホットライン（06-6646-0088）」などを運営する。

認定 NPO 法人児童虐待防止全国ネットワーク

子ども虐待について「189（いちはやく）」などの通告・相談先や幅広い情報を公開し、オレンジリボン運動の総合窓口を担う。

ハーレーサンタ CLUB NAGOYA

バイクなどを使って児童虐待防止の啓発活動を行う団体。

そのほか、多数の団体が困難を抱える親や子どもたちを支援しています。
本書の印税なども、これらの団体へ寄付を予定しています。

CONTENTS

はじめに…002
ひろぴーファミリー構成…007
ひろぴーファミリーの歩み…008
子育てに悩むみなさんへ…010
ひろぴーファミリー度診断…019

PROLOGUE

ひろぴーファミリーの家族円満10か条

1 ママの笑顔なくして家庭円満なし…022
2 感謝やほめ言葉は直接言葉で伝え合う…023
3 ママがイライラしている時は戦わずに逃げる…024
4 いつも80％でいい！ 完璧を求めない…025
5 遊びやイベントは子ども以上に楽しむ…026
6 パパ・ママの言葉遣いは丁寧に…027
7 リスクを負ってでも何にでもチャレンジ！…028
8 子どもとは向き合い 夫婦は同じ方向を向く…029
9 パパはママを一番に愛し ママは子どもを一番に愛する…030
10 毎日スキンシップをとる習慣を作る…031

PART1

あいうえおカルタに学ぶ 育児あるあるを楽しむコツ50

あ 雨降ってないのに長靴履きたがる
やってほしくないことをどうやって伝える？…034
い Eテレのありがたみがわかる
テレビやゲームは時間を決めてる？…035
う うちに帰る直前で寝がち
お昼寝から機嫌よく起こす方法は？…036
え エレベーターのボタン押したがる
「やりたかった！」などの地雷を踏んだ時は？…037
お 鬼とおばけは親の強い味方
鬼やおばけで脅すのはよくない？…038

か **ガチャガチャやお菓子コーナー避けがち**
「あれ買って!!」はどうやって諦めさせる？…… 039

き **急にちょっとしたことで不機嫌になる**
癇癪にはどうやって対応する？…… 040

く **靴をやっと履いたと思ったら 逆**
靴下や靴をスムーズに履かせるコツは？…… 041

け **ケガしてないのに絆創膏貼りたがる**
「もったいない」ことやめさせるべき？…… 042

こ **米粒が身に覚えのないところに付いてる**
ご飯を楽しく食べさせるコツは？…… 043

さ **さっきまでケンカしてたと思ったらもう仲よし**
姉妹（兄弟）ゲンカはどうやっておさめる？…… 044

し **「自分で！」が忙しい時に限って炸裂**
どうしても急ぐ時はどうする？…… 045

す **「すわって！」が口ぐせになってくる**
外出先や電車・バスで座らせたい時は？…… 046

せ **洗濯物を畳んだ直後にぐちゃぐちゃにする**
子どもにイライラした時どうする？…… 047

そ **「それ私の！」って取り合いになりがち**
兄弟やお友だちに貸してあげてほしい時は？…… 048

た **「だれー？だれー？」って電話中うるさい**
静かにしてほしい時 何て伝える？…… 049

ち **チャイルドシートの下がお菓子のクズだらけ**
お菓子の食べ過ぎを抑えるには？…… 050

つ **つままれるとめちゃ痛い**
人に痛いことをした時、どう叱る？…… 051

て **出来はともかく自信満々**
「すごいね～！」以外にほめ方ない？…… 052

と **動画見てる時 変な広告押して助けを求めがち**
親のスマホはどれくらい見せている？…… 053

な **「なんでー？」が続きすぎてもはや哲学**
なぜなぜ攻撃にはどこまで答えればいい？…… 054

に **ニコニコして悪事を誤魔化しがち**
子どもへの愛情表現、どうしてる？…… 055

ぬ **濡れたまんまで運動会**
着替え・ドライヤーがスムーズになるコツは？…… 056

ね **寝る前なのにハイテンション**
歯磨きをスムーズにするコツは？…… 057

の **飲み物をこぼしたら拭くのではなく伸ばす**
食べこぼしのストレスを減らすコツは？…… 058

(は) **「早くして！」はもはや何回言ったかわからない**
「早くして！」の代わりに何て伝えたらいい？…059

(ひ) **引き出しをやたら開けたがる**
いたずら防止を攻略されたらどうする？…060

(ふ) **布団に置く時はもはやスポーツ**
背中スイッチを発動させないコツは？…061

(へ) **変な言葉でツボに入りがち**
言ってほしくない言葉、どうやってやめさせる？…062

(ほ) **ポケットが砂や石でパンパン**
持って帰ってほしくないものを置いてくるには？…063

(ま) **「まだつかない？」と何回も聞いてくる**
車や公共交通機関で楽しく過ごす方法は？…064

(み) **水たまりは常に警戒**
水たまりに入ってほしくない時は？…065

(む) **迎えに行くと遊びに夢中**
登園拒否の時はどうする？…066

(め) **メニューは子どもが食べられるかで決めがち**
外食をスムーズにするコツは？…067

(も) **「もう1回」がもう1回じゃない**
本当に「もう1回」で終わらせるには？…068

(や) **やりっぱなしのパズル結局親が最後までやる**
子どもが飽きたおもちゃはどうしてる？…069

(ゆ) **夕寝して夜覚醒**
夜覚醒しちゃったらどうする？…070

(よ) **幼稚園や保育園での作品 家に溜まりがち**
子どもの作品の保管はどうしてる？…071

(ら) **ランドセル買ったら「私もほしい！」ってなる**
兄弟やお友だちのものをほしがった時の対処法は？…072

(り) **旅行の当日体調不良になりがち**
旅行やおでかけの荷物を減らすコツは？…073

(る) **ルーティンでいつもの公園行きがち**
週末の過ごし方がマンネリになったら？…074

(れ) **レゴ踏んだ時の痛さは尋常じゃない**
お片付けをスムーズにさせるコツは？…075

(ろ) **ロッカーや自販機のお金入れたがる**
お金の教育はどうしてる？…076

(わ) **悪いことしてる時だいたい静か**
叱る時の役割分担はある？…077

(を) **オムツを替えた直後にまたする**
トイトレをスムーズにするコツは？…078

ん 「んー…やっぱりこれ食べたい！」
あまのじゃくにはどう対応する？…079

〝イライラしない子育て〟の杉江健二先生が解説
ひろぴーファミリー流育児のここがスゴイ！…080

PART2
仕事×育児×動画配信……
超多忙な子育て夫婦の時間術

01 共働き夫婦は平日どう過ごす？
共働き夫婦の平日タイムスケジュール…084

02 出発前はいつもバタバタ
朝の準備がスムーズになる方法…085

03 忙しい時に限ってグズる
グズグズ・イヤイヤ早くおさめるには？…086

04 バタバタで間に合わない！
荷物の準備をラクにするには？…087

05 家事の時短はどうしてる？
パパ＋ママ＋家電 3人体制が基本…088

06 子どもと過ごす時間はいつ作る？
子どもたちとの日常ルーティン…089

07 料理に時間がかけられない！
ママの究極時短レシピ！…090

08 お片付けがなかなか進まない！
時短になるお片付け術…091

09 寝かしつけに時間がかかり過ぎ！
寝かしつけが早くなるコツ…092

10 1人になれる時間がほしい！
お互いの1人時間 どうやって作る？…093

11 小さな時短術ある？
共働き夫婦の時短術…094

12 仕事と家事育児ってホントに大変！
仕事×子育て×家事 両立させるには？…095

13 仕事しながら撮影や編集は可能？
共働き育児で動画配信もできる理由…096

14 子育て家族は休日どう過ごす？
休日のファミリールーティン…097

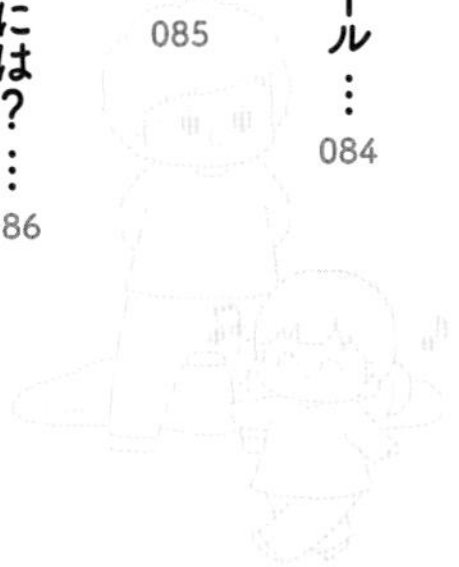

15 休日のおでかけはどう過ごす？
おでかけは子どもの体験を重視…098

16 外出先からなかなか帰れない
おでかけからスムーズに帰るには？…099

17 家族のスケジュールどう管理してる？
夫婦・家族の時間管理術…100

18 買い物やTODO忘れそう！
家族のタスク管理術は？…101

19 七五三や誕生日は準備が大変！
子どものイベント準備はいつする？…102

20 1人で子どもを見るのは大変！
ワンオペ育児はどうこなす？…103

21 子どもの急な発熱時はどうする？
イレギュラーへの対処法は？…104

22 保育園の行事は参加する？
園のイベントは100%夫婦で参加…105

23 夫婦2人で過ごす時間は作れる？
夫婦の記念日や「独り占め」の日…106

24 子どもができると自分の時間は減る？
子どもができてやめたことは？…107

25 外出できない日はどうする？
おうち時間の過ごし方…108

26 親が病気でダウン！ どうしよう？
体調が悪い時の家事・育児は？…109

27 親が風邪を引くと詰んでしまう！
子育て夫婦の体調管理法は？…110

28 子どもが生まれたら働き方を変える？
ひろぴー夫妻の働き方転換点…111

29 超多忙な中どこで休憩してる？
スキマ時間の息抜きは？…112

30 何にもやる気が出ない時は？
パパ・ママ休業日の家事・育児は？…113

PART 3
夫婦関係から家事・育児まで ひろぴーファミリーに50の質問

夫婦関係のこと

Q01 **結婚の決め手は？**…116

Q 02 結婚してよかったことは？…116
Q 03 パパに育児に積極的になってもらうには？…116
Q 04 夫婦関係は子どもができて変わった？…117
Q 05 相手への不満を抱いた時はどうする？…117
Q 06 相手への感謝の伝え方、ほめ方は？…117
Q 07 ママの好きなところは？…118
Q 08 パパの好きなところは？…118
Q 09 パパ・ママの直してほしいところは？…118
Q 10 今まで一番大きなケンカは？…119
Q 11 相手への愛情表現は？…119
Q 12 子育ての考え方はどうやって共有している？…119
Q 13 子どもが生まれてよかったことは？…120
Q 14 育児と仕事とYouTubeを両立させるモチベーションは？…120
Q 15 パパ・ママの尊敬する人は？…120

ひろぴー夫婦のこと

Q 16 パパ・ママの趣味は？…121
Q 17 パパ・ママの「これだけは譲れない！」ことは？…121
Q 18 パパ・ママのストレス解消法は？…121
Q 19 理想の老後の過ごし方は？…122
Q 20 嫁姑問題、ある？…122
Q 21 ママ友、パパ友はいる？…122
Q 22 子どものお金はどうやって管理してる？…123
Q 23 子どもの人数が増えて変わったことは？…123

家事のこと

Q 24 ママの得意料理は？…124
Q 25 パパの得意料理は？…124
Q 26 子どもたちに人気のメニューは？…124
Q 27 冷蔵庫の必須アイテムは？…125
Q 28 毎日の献立はどうやって決める？…125
Q 29 おすすめの家電は？…125

赤ちゃんのこと

Q 30 妊娠中に心がけていることは？…126

Q31 下の子を妊娠中や出産後、上の子へのケアは？… 126
Q32 3姉妹の出産エピソードを教えてください！… 126
Q33 授乳はスムーズだった？… 127
Q34 夜泣きの対応はどうしてた？… 127
Q35 離乳食はいつから始めた？… 127

子育てのこと

Q36 育休中はどうやって過ごした？… 128
Q37 パパイヤ期はどうやって接していた？… 128
Q38 3姉妹の習いごとは？… 128
Q39 育児で参考にしている人や本はある？… 129
Q40 知育はどんなことをしている？… 129
Q41 小学校準備、これだけはやっておくべきことは？… 129

ひろぴーファミリーのこと

Q42 3姉妹はどんな性格？… 130

Q43 3姉妹の将来の夢は？… 130
Q44 子どもたちにどんな大人になってほしい？… 130
Q45 ファミリーの弱点は？… 131
Q46 ファミリーの特技は？… 131
Q47 YouTubeを始めてよかったことは？… 131
Q48 ファンの方からもらったプレゼントはどうしてる？… 132
Q49 「ひろぴーファミリー」の今後の目標は？… 132
Q50 フォロワーさんにひとことお願いします！… 132

ひろぴーファミリーのママからママの読者さんへ… 134
ひろぴーファミリーのパパからパパの読者さんへ… 138
おわりに… 142

COLUMN

01 ひろぴーファミリー 児童虐待防止支援活動のようす … 032
02 育児あるある番外編 … 082
03 ひろぴーファミリーおそろいコーデ 春・夏 Collection … 114
04 ひろぴーファミリーおそろいコーデ 秋・冬 Collection … 133

あなたは“ひろぴーファミリー度”何%?

ひろぴーファミリー度診断

以下の質問の答えがわかるもの、当てはまるものにチェックをしてください。

- [ ] Q1　「おぴーぴー」の由来は?
- [ ] Q2　ひまりが面白いのは何を食べているから?
- [ ] Q3　「のんの（ひより）」の由来は?
- [ ] Q4　スッピンNGだったママが顔出しするようになったのはなぜ?
- [ ] Q5　「○と書いてパパだ!」○に入る漢字1文字は?
- [ ] Q6　子どもたちが誕生日にママに必ず言う言葉は?
- [ ] Q7　ひろぴーファミリーはなぜYouTube発信をしている?
- [ ] Q8　パパの育児あるあるを5つ以上覚えている
- [ ] Q9　ひろぴーファミリーのInstagram、YouTube、TikTokをすべてフォローしている
- [ ] Q10　家族みんなが笑顔でいられる家庭を作りたい

◀◀◀ 診断結果は次のページに!

あなたの ひろぴーファミリー度は？

P19 でチェックが付いた質問項目の合計点を計算してください。

Q1 ～ Q7 ……………… 各 5 ポイント
Q8、9 ………………… 各 30 ポイント
Q10 …………………… 100 ポイント

合計 ポイント

合計ポイントに応じたあなたのひろぴーファミリー度は？

0 ポイント ▶ ひろぴーファミリー度 0%

残念ながら、あなたはひろぴーファミリーには向いていません。
まず漢（パパ）のボケを 1 日 5 回見て勉強するところから始めてください。

5 ～ 45 ポイント ▶ ひろぴーファミリー度 30%

もう少しがんばりましょう！ ひろぴーファミリーへの道はまだまだ長いです。
バナナと白米以外もしっかり食べて大きくなりましょう。

50 ～ 95 ポイント ▶ ひろぴーファミリー度 70%

惜しい！ ひろぴーファミリーまであと一歩です。
漢（パパ）の背中を追ってください！

100 ポイント以上 ▶ ひろぴーファミリー度 100%

おめでとうございます！
これであなたもひろぴーファミリーのような家庭が築けるはずです！
一緒に育児を楽しみましょう！ 漢！

" 家族みんなが笑顔でいられる家庭を築きたい "
――その気持ちさえあれば大丈夫。
ひろぴーファミリーを築いてきた私たちの
家族円満の秘訣をこれからお伝えします！

ひろぴーファミリー度診断の答え：Q1 ひなたが突然言い出した造語　Q2 豚肉　Q3「ひよ」がうまく発音できず「のんの」　Q4 眉毛アートで眉毛が復活したから　Q5 漢　Q6 生んでくれてありがとう　Q7 児童虐待をなくしたい

PROLOGUE

ひろぴーファミリーの
家族円満10か条

パパ・ママの
言葉遣いは
丁寧に

ママの
笑顔なくして
家庭円満なし

常に
80%でいい！
完璧を求めない

その
1

ママの笑顔なくして家庭円満なし

家庭円満は仕事、人生、すべての要。
そしてそれは
"ママの笑顔" にかかっています。
パパはママを大切にして笑顔にさせる。
子どもたちは笑顔のママを見て安心する。
そして **"ママを笑顔にしてくれるパパが好き"** というサイクルができれば
家庭はうまく回るはずです。

その2
感謝やほめ言葉は直接言葉で伝え合う

小さなことでも
「ありがとう」は必ず言う。
「おはよう」「おやすみ」の挨拶はもちろん
「かわいい」「かっこいい」などのほめ言葉も、
意識して毎日言葉にします。
「今さら恥ずかしい」という人も
カッコつけてる場合じゃありません。
毎日のルーティンとして続けてみれば
関係性が必ず変わってくるはずです。

その3

ママがイライラしている時は戦わずに逃げる

お互いに熱した状態では話さない。
口ゲンカが起こりそうになったら、
その場から離れたり「そういえば〜」と別の話をしたり。
ケンカをして、ぎくしゃくする時間ほど
無駄なものはない。
落ち着いた頃に「この間のことだけど…」と
時間を設けて話し合えば問題なしです。
ただし、逃げきれない時は素直に謝る。
原因は自分にあると考え、粗探しはしません。

その4 いつも80%でいい！ 完璧を求めない

子育ても夫婦間も
程よく手を抜いた状態がベストです。
少しくらい野菜を食べなくてもいい。
今日中にやらなくたっていい。
全部自分でやらなくてもいい。
パパのお皿洗いは
汚れが残っていることもあるけれど、
してくれたことに感謝です（笑）。

その5

遊びやイベントは子ども以上に楽しむ

子どもと遊ぶ時は、
変に格好つけたりせず、
バカになって一緒に楽しむ。
意識してテンションを上げています。
コツはパパママにとっての楽しさを見つけること。
たとえば積み木遊びも、
ただ子どもを眺めているだけより
「自分ならどんなモノが作れるだろう？」
と考えたら、意外と大人も楽しめます。

その6

パパ・ママの言葉遣いは丁寧に

「ウザい」「キモい」「マジ」「ヤバイ」
これらの言葉は、我が家では10年前から
一切使っていません。
聞いていてあまり
気持ちのいい言葉ではないので
子どもたちにも使ってほしくないです。
保育園などで
覚えてくることもありますが、
親が使わなければ、言わなくなります。

その7

リスクを負ってでも何にでもチャレンジ！

何事も挑戦させることが大事。
たくさんの失敗経験も重要だと思っています。
坂道を走っていても、注意せず見守ります。
結果、転んで大泣きすることもありますが
何でも「危ない！」と叱ってしまったら
子どもはチャレンジをやめてしまいます。
一方で命の危険や他人に迷惑をかけることは
強く叱ってメリハリをつけるようにしています。

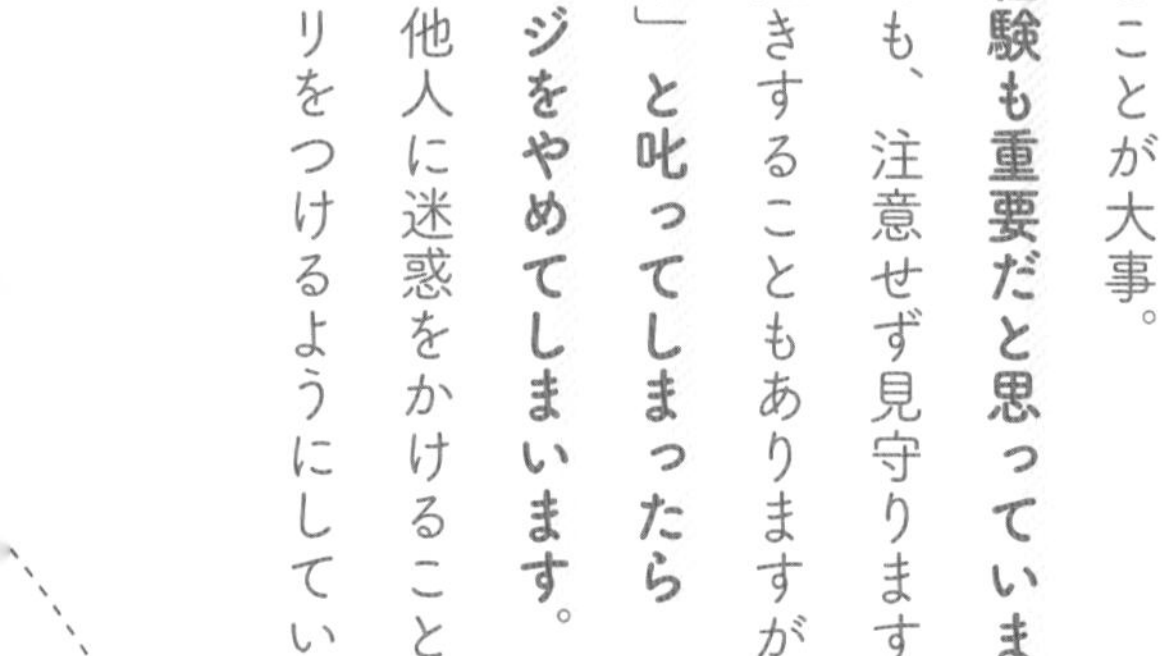

その8

子どもとは向き合い夫婦は同じ方向を向く

姉妹がいてもなるべく**1人1人と向き合って遊ぶ時間**を作ります。「今から10分は長女との時間」とすると短くても濃い時間が過ごせます。**夫婦では夢や目標を共有。**ママの「世界遺産めぐり」の夢やパパの「児童虐待を減らしたい」という目標に向かって日々、夫婦で奔走しています。

その9

パパはママを一番に愛し ママは子どもを一番に愛する

子どもが生まれて、ママが子どもにばかり
かまってしまうのは当然のこと。
パパの「寂しい」という気持ちと
すれ違ってしまう時でも
ママが笑顔なら、すべてがうまくいきます。
ママが子どもを一番に愛せるように
「パパはママの味方」と
言葉でも行動でも伝えています。

その10

毎日スキンシップをとる習慣を作る

夫婦も親子もスキンシップは欠かしません。
一人目の子育てで
パパの寂しかった経験から
「おやすみのチューは必ずしよう」と
決めました。
最初はルーティンの一環だったけれど
今では**気持ちを伝え合う大切な時間。**
子どもたちとは、おやすみの前のタッチや
抱っこをする時間も大切にしています。

COLUMN 01

ひろぴーファミリー 児童虐待防止支援活動のようす

子ども虐待防止 オレンジリボン運動

イベントや物資の支援、寄付など自分たちにできることに取り組んでいます。

児童相談所虐待対応ダイヤル「189」を知ってほしい！

子どもたちにクリスマスプレゼント！

イベントの収益は関連団体へ寄付

PART 1

あいうえおカルタに学ぶ
育児あるあるを楽しむコツ50

監修：『イライラしない子育て』（桜山社）
著者 杉江健二

育児あるある

あ

雨降ってないのに長靴履きたがる

やってほしくないことをどうやって伝える？

笑顔のコツ

とにかく視界に入れない
親が先を見据えて
行動するべし！

子どもが一度関心を寄せたものを「ダメ」というのはかわいそうだし、親も大変になります。我が家では子どもが興味を持つ前に隠したり、暗号で会話したりしています。

ワンポイントアドバイス

ハサミなど危険なものは物理的に手の届かないところに。伝え方は「～しないで」より〝してほしいこと〟を具体的に。

テレビやゲームは時間を決めてる？

笑顔のコツ

やる前にタイマーをセットして“鳴ったらおしまい”

テレビはほとんど見ませんが、ゲームは時々やっています。始める前にアレクサの**タイマー機能を使って、鳴ったらおしまいというルール**にしています。

普段は終わってほしい時間の5分前にタイマーをセット。毎日行うと習慣になってくるので、たとえ10秒などの短い時間だったとしても、グズったりせずやめてくれます。

育児あるある い

Eテレのありがたみがわかる

育児あるある

う

うちに帰る直前で寝がち

お昼寝から機嫌よく起こす方法は？

笑顔のコツ

公園でパーっと遊ぶなど楽しみを提案して気分を切り替える

寝起きが悪い時は、楽しみなことを提案して気持ちを切り替えさせます。おでかけからの帰りに車で寝た時は、たとえ夜でも近所の公園で遊ばせたり、家の周りをぐるっと散歩したり。

無理やり連れ帰って30分ずっとグズグズするくらいなら、**面倒でも10分だけ遊んでパッと切り替えた方が、後々絶対コスパがいい**です。

「やりたかった！」などの地雷を踏んだ時は？

笑顔のコツ

気が済むまでやらせてあげられるよう時間に余裕を持って

「じゃあここまでやろう？」と子どもの同意を得たうえで、少しの工程でもいいのでやらせてみて。おでかけの時には**予期せぬ事態を見越して時間に余裕を持っておく**のが◎。

ワンポイントアドバイス

小さな子どもを育てているうちは、＋50％の時間がかかると想定してスケジュールを組むと心に余裕が生まれます。

育児あるある え

エレベーターのボタン押したがる

育児あるある

お

鬼とおばけは親の強い味方

鬼やおばけで脅すのはよくない？

笑顔のコツ

「鬼がくるよ」よりもパパが鬼になって追いかけ回す！

子どもがなかなか動かない時は、パパが鬼の真似をして面白おかしく追いかけ回します。子どもたちは楽しい気持ちが満たされて、自然と次の行動に移ってくれるんです。

ワンポイントアドバイス

「恐怖」による脅しで子どもをしつけるやり方は、子どもの脳の発育を阻害する可能性があるので注意が必要です。

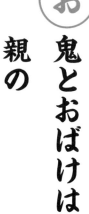

「あれ買って!!」はどうやって諦めさせる？

笑顔のコツ

「いいよ！ いつ買おうか」と今ではないことを強調

まずは「いいよ」と受け止めながら、次のワクワクを想像させるのがミソです。子どもの真似をして「パパも買ってーー！」と駄々をこねると、意外と「スンッ」とおさまることも。

ワンポイントアドバイス

「ダメ！」と子どもの意見を頭ごなしに否定しないことがポイント。否定から入ると子どもは反発したくなります。

育児あるある

か

ガチャガチャやお菓子コーナー避けがち

育児あるある

き

急にちょっとしたことで不機嫌になる

癇癪にはどうやって対応する？

笑顔のコツ

違う話題をふって落ち着いたら話を聞いてみて

「そういえばアニメのさ……」と**全く違う話題をふって一度落ち着かせ**、「何がしたかったのか」をしっかりと聞いてあげます。「置いていくね」や「知らない」は逆効果。

ワンポイントアドバイス

子どもの癇癪自体には触れず、上手に気をそらしたり、ハグしたりしながら子どもが落ち着く時間を取りましょう。

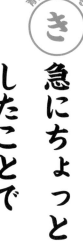

靴下や靴をスムーズに履かせるコツは？

笑顔のコツ

「どっちが早くできるかな？」と競争するゲームにする

姉妹で競争させたり、パパと競争したり、**ゲームとして楽しみながらだとスムーズにいくことが多い**です。BGMで「天国と地獄」を流すと、より気分も盛り上がります。ポイントは、**親が僅差で負けてあげること。**一人でできない時は手伝ってあげて、最後の面ファスナーだけ自分でさせる。できたらたくさんほめてあげます。

育児あるある
く
靴をやっと履いたと思ったら逆

育児あるある

け

ケガしてないのに絆創膏貼りたがる

「もったいない」ことやめさせるべき?

笑顔のコツ

子どもがやっていることに無駄な体験はない。できるだけやらせて

大人には〝無駄〟と思うことも、子どもにとっては意味のある体験だと思うので、できるだけやらせます。絆創膏1枚で何十分もグズらせるより、やらせた方がコスパもいいはず。

ワンポイントアドバイス

子育てでは「〜でなければならない」と考えず、「押してダメなら引いてみよう」という柔軟な気持ちが必要です。

ご飯を楽しく食べさせるコツは？

笑顔のコツ

簡単な工程でいいので料理に参加させてみて！

好き嫌いが多かったり、野菜を食べない時は、〝水にさらす〟や〝皮をむく〟など**ちょっとした工程でも子どもに料理を手伝わせてみる**と、苦手な食べ物にも興味を持って食べてくれるようになります。

食卓では食べこぼしやマナーはあまり神経質にならず、**「少しでも食べてくれればOK」というマインドで！**

育児あるある

こ

米粒が身に覚えのないところに付いてる

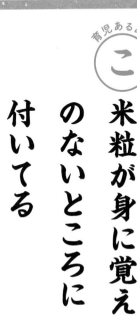

育児あるある

さ

さっきまでケンカしてたと思ったらもう仲よし

姉妹（兄弟）ゲンカはどうやっておさめる？

笑顔のコツ

親はあまり干渉せずそれぞれの話を聞いて見守って

姉妹ゲンカは自分たちで解決する方法を見つけてもらうためにも、親はあくまで中立の立場に徹します。**それぞれの話はしっかり聞くけれど、口は出さない。**

どうしてもおさまらない時は、パパがゾンビになってママを襲うふりをすると、みんなで「やめてー！」と一致団結するので、ケンカがおさまります（笑）。

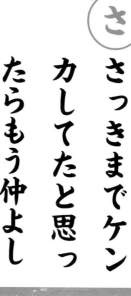

どうしても急ぐ時は
どうする？

笑顔のコツ

焦る気持ちを抑えて
自分でやらせてみて
その後で急ぐ

親がヘタに手を貸して、グズグズになってしまう時間がもったいないので、**子どもたちのやりたいことはできるだけやらせて、その後で時間を巻きます。**

ワンポイントアドバイス

子どもが自分でやりたい時は「手伝って」と助けを求めてくるまでは、やらせた方が子どもの自信に繋がります。

育児あるある

し

「自分で！」が忙しい時に限って炸裂

育児あるある

す

「すわって！」が口ぐせになってくる

外出先や電車・バスで座らせたい時は？

笑顔のコツ

「誰が一番○○できるか」「○○したら負け」などのゲームをする

うるさくすると他人に迷惑が掛かってしまうような場所では、**「誰が一番座っていられるかゲーム」「しゃべったら負けゲーム」**などをします。電車やバスなら乗る前にゲームの説明をして、「乗ったらスタートね！よーいどん」で開始。

でもゲームに飽きてしまったら最終的に動画に頼っちゃうこともあります（笑）。

子どもにイライラした時どうする？

笑顔のコツ

子どもとの楽しかった思い出やいいところを思い出して

家中に家族写真をたくさん飾っているので、写真を見ながら**思い出や子どものいいところを思い浮かべて、気持ちをなだめます。**一度その場から離れるのもあり。

ワンポイントアドバイス

脳の感情をコントロールする部分は6秒経たないと作動しません。まずは深呼吸などして6秒間待ってみましょう。

育児あるある

せ

洗濯物を畳んだ直後にぐちゃぐちゃにする

育児あるある

そ

「それ私の！」って取り合いになりがち

兄弟やお友だちに貸してほしい時は？

笑顔のコツ

「順番こにしようね〜」と親も子どもたちの仲間に入ってみて

一方的に「こうしてね」と言うよりも**親も子どもの輪の中に入った方が、子どもたちは聞いてくれます。**「1人一回ずつね」と回数や時間を決めて一緒に楽しんでみたらOK！

ワンポイントアドバイス

子どもの学びは「目から8割、耳から2割」といいます。親がモデルを見せると上手くできることが多くなります。

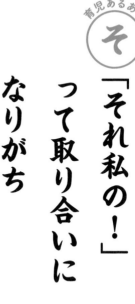

静かにしてほしい時何て伝える？

笑顔のコツ

ささやくような静かな声で話しかけてみて

思わず「静かにして!!」と言ってしまいがちですが、**極力小さい声で「小さい声で話そうね」と言ってみる**と効果大。また、周りに子どもが興味を持ちそうなこと・ものがあったら「見て見て！ あれ何色？」と質問して意識を逸らせるのも常套手段です。

お店や病院などでは、入る前に約束をしておくのが◎。

育児あるある

た

「だれー？だれー？」って電話中うるさい

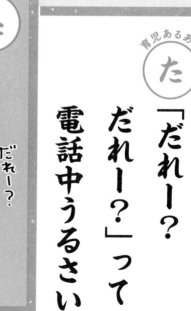

育児あるある

ち

チャイルドシートの下がお菓子のクズだらけ

お菓子の食べ過ぎを抑えるには？

笑顔のコツ

食べる前に約束を決めて厳守させる！

我が家ではお菓子の量は特に制限していませんが、チョコレートはなるべく避けたいところ。「チョコは1つだけ」など約束を決めて、絶対に守るようにします。

ワンポイントアドバイス

駄々をこねた時にお菓子をあげてしまうと、子どもは駄々をこねたらお菓子がもらえると思ってしまいます。

人に痛いことをした時、どう叱る？

笑顔のコツ

悲しそうな顔で、「そんなことしないでほしい」

「とても悲しいな」と**親の気持ちを最大限の悲しい顔で伝えます。**泣いてしまうこともあると思いますが、抱きしめながら「悲しかったからもうしないでね」と伝え続けて。

ワンポイントアドバイス

子どもには「そんなことをすると、ママは悲しい」とI（私＝親）を主語にして伝えるようにしましょう。

育児あるある

つ

つまれるとめちゃ痛い

育児あるある

て

出来はともかく自信満々

「すごいね〜！」以外にほめ方ない？

笑顔のコツ

「これどうやったの？」とプロセスを聞いてみよう

「目が上手に描けてるね」と具体的な部分についてほめたり、**「どこから描いたの？」と質問したりしてみる**とGOOD。プロセスを聞き出すと、「なぜ描こうと思ったのか」など子どもの気持ちも教えてくれるので、子どもならではの視点がわかって親も楽しいです。**描いている様子や絵を持って記念写真を撮ってあげる**と、子どもも喜びます。

親のスマホはどれくらい見せている？

笑顔のコツ

おとなしくしてほしい時以外は基本的に見せない

自宅ではほとんど見せませんが、どうしてもおとなしくしてほしい時に動画を見せることも。見るものの内容は特に制限せず、あまり長時間になる場合はタイマーをセット。

ワンポイントアドバイス

子どもの脳の発育にはママとのコミュニケーションがベスト。スマホはなるべく抑制的に使うことをおすすめします。

育児あるある

と

動画見てる時変な広告押して助けを求めがち

育児あるある

な

「なんでー？」が続きすぎてもはや哲学

なぜなぜ攻撃にはどこまで答えればいい？

笑顔のコツ

どこまで答えられるか親が自分を知る最高の機会！

子どもの「なんで？」攻撃には自分の可能な限り答え続けて、わからなくなったらその場でスマホなどで調べます。

「空ってなんで青いの？」など**意外と大人でもわかっていなかったようなことも、子どもたちの質問によって知ることができる**ので、自分の知識を深めるのにもいい機会と考えています。

子どもへの愛情表現、どうしてる？

笑顔のコツ

言葉だけでなく、ギューやチューなどスキンシップを楽しんで

夫婦でも親子でも、スキンシップは何よりも重要と考えています。「おはよう」や「おやすみ」など1日のさまざまなシーンでハグやチューをすることで愛情を伝えています。

ワンポイントアドバイス

赤ちゃんがお母さんのお腹の中で一番発達させる五感は「触覚」です。だからスキンシップがとても大切なのです。

育児あるある

に

ニコニコして悪事を誤魔化しがち

育児あるある

ぬ

濡れたまんまで運動会

着替え・ドライヤーがスムーズになるコツは？

笑顔のコツ

毎日の習慣と流れを作るべし！

お風呂→着替え→ドライヤーなど**日々の決まった流れをルーティン化させ**ます。途中で余計な工程を挟まないよう、脱衣所ですべて完結させるなどの**動線を作るのもポイント**。

ワンポイントアドバイス

次の行動が予測できると子どもは安心します。途中にテレビなどの好きなものが入ると夢中になってしまうので注意。

歯磨きをスムーズにするコツは？

笑顔のコツ

歯医者さんごっこで楽しむ＆子どもに磨いてもらう

「次の方どうぞ～」と言いながら歯医者さんごっこを始めると、楽しく進められます。立場を入れ替えて子どもたちにママパパが磨いてもらうというのも有効。

ごっこ遊びが恥ずかしくてやったことがないという親御さんも、**一回やってみると子どもの反応も劇的に変化する**ので、ぜひトライしてみてほしいです。

育児あるある

ね

寝る前なのにハイテンション

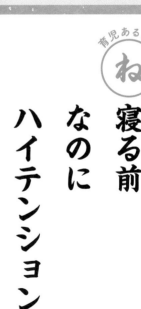

育児あるある

の

飲み物をこぼしたら拭くのではなく伸ばす

食べこぼしのストレスを減らすコツは？

笑顔のコツ

こぼす前提で掃除しやすいアイテムに頼る

我が家もひまりとひよりがもっと小さい頃は食べこぼしがかなり多く、夫婦ともストレスが溜まっていました。いいアイテムがないかといろいろ探してみましたが、最終的には**袖から机まで覆える「鉄壁エプロン」をママが自作**。このおかげで食事中のイライラが激減しました。最近は似たような商品もあると思うので、ぜひ探してみて。

「早くして！」の代わりに何て伝えたらいい？

笑顔のコツ

親が「がんばれー！」と応援してみよう

「早くして」と言うと親もイライラしてしまうので、「がんばって！」と応援したり「ひなたさんあと少しです！」と運動会の実況中継のようにすると楽しく急いでくれます。

ワンポイントアドバイス

実況中継をすると子どもはほめられていると感じます。「もっと食べられるといいな」などは言わないのがポイント。

育児あるある は

「早くして！」はもはや何回言ったかわからない

育児あるある
ひ

引き出しを やたら 開けたがる

いたずら防止を攻略されたらどうする？

笑顔のコツ

出して遊んでもOKなものだけを入れておく

我が家もいたずら防止のロックを付けていましたが、子どもに壊されてからは放置していました（笑）。それからは子どもが開けてしまう収納場所には**〝触っても大丈夫なもの〟だけを入れる**ようにします。

最近はおもちゃをリビングに置かず子ども部屋だけに収納するなど、**成長に応じて収納も定期的に見直しています。**

背中スイッチを発動させないコツは？

笑顔のコツ

布団に置いた後、しばらく手を握ってみて

三女はよく背中スイッチが発動していたので、**「布団に置いたらそのまま両手を優しく握って、シュッと静かに抜く」**という方法をSNSで見て、我が家でも実践していました。

ワンポイントアドバイス

背中スイッチの原因は主に、布団に置いた時の温度差と姿勢の変化。布団を温めたり腕枕をしたりすると効果的です。

育児あるある ふ

布団に置く時はもはやスポーツ

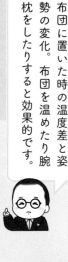

育児あるある

へ

変な言葉でツボに入りがち

言ってほしくない言葉、どうやってやめさせる？

笑顔のコツ

使わないでほしい言葉にヘタに反応せず「無」を貫く

変に笑ったり反応したりせず「無」を貫いて「全然おかしくない」と伝えます。**親の言葉遣いは子どもにとても影響する**ので、家庭で使わなければ自然と言わなくなります。

ワンポイントアドバイス

親が笑うことで、子どもにはその言ってほしくない言葉が「いい言葉」として認識される可能性があります。

持って帰ってほしくないものを置いてくるには？

笑顔のコツ

「リスさんが取りに来るかも！」とさりげなく誘導

公園の帰り際などにどうしても駄々をこねる時には、玄関までは持ち帰らせて「**リスさんが取りに来るかもしれないよ**」と玄関の外に置くようにさせ、後で親がそっとどかしておきます。

持ち帰る前に「部屋のどこに置いたらいいかな」「お部屋に合わないんじゃない？」と**インテリアのセンスを問う**と、諦めてくれることも。

ほ

育児あるある ほ

ポケットが砂や石でパンパン

育児あるある

ま

「まだつかない？」と何回も聞いてくる

車や公共交通機関で楽しく過ごす方法は？

笑顔のコツ

お絵描きなどのアイテムを準備。車窓を見ながらゲームも

飛行機や新幹線に乗る時は、シールブックやお絵描きなどのグッズを事前に準備します。よくやるのは山手線ゲームや「誰が一番座っていられるか」ゲームなど**即興の遊びをすること**。車窓を見ながら「最初に緑色の建物を見つけた人が勝ち」などのゲームも楽しいです。ただ、盛り上がりすぎて逆にうるさくなることもあるので要注意。

育児あるある

み

水たまりは常に警戒

水たまりに入ってほしくない時は？

笑顔のコツ

「あ!!」と気をそらしたり手を繋いだり抱っこしたり

子どもにとって水たまりは楽しいものだと思うので、ただ「ダメ」と言うのではなく、入ってもいいようになるべく**雨上がりの日は長靴を履かせる**など、親が先回りして行動します。お店などでほしいものを見つけて「行きたい！」と大騒ぎになった時などは、**抱きかかえてジェットコースターをしたり、手を繋いだり**して気をそらします。

育児あるある

む

迎えに行くと遊びに夢中

登園拒否の時はどうする?

笑顔のコツ

無理に行かせず、寄り添って話を聞いてあげて

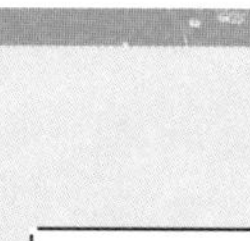

「幼稚園や学校には無理して行かなくても大丈夫」という気持ちでいます。行きたくない理由をしっかり聞いて、**自分から行くと言うまで気長に待ちます。**

ワンポイントアドバイス

頭ごなしに叱ったり正論を言ったりせず、「そっか」とまずは受け止めてあげることが親子の信頼関係に繋がります。

外食をスムーズにするコツは？

笑顔のコツ

料理の待ち時間をつぶせるグッズと親のご褒美が必須

外食では**ごはんが出てくるまでの時間が最大の難所**なので、おとなしく待っていられるようにお絵描きなどのアイテムを用意しておきます。

はじめから機嫌が悪い時は、ママと子どもは車で待機してパパが先に注文。食事が来てから合流することもあります。大人は**ゆっくり食べられない代わりに、デザートだけは好きなものをチョイス**します。

育児あるある

め

メニューは子どもが食べられるかで決めがち

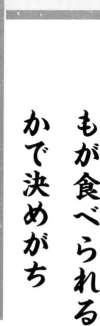

育児あるある

も

「もう1回」がもう1回じゃない

本当に「もう1回」で終わらせるには？

笑顔のコツ

「パパももう1回やってよ〜!!」攻撃を使ってみる

公園でのブランコなど、「あともう1回だけね」と事前に約束させても「やだ！もう1回！」と言って聞かない時ってありますよね。そんな時は、**「パパももう1回やって〜！」と親がやってもらう側になります。**子どもたちにはできないことや途中で疲れてしまうことがほとんどなので、**「もう1回!!」と騒いでいたことも忘れてしまうはず。**

子どもが飽きたおもちゃはどうしてる？

笑顔のコツ

長く楽しめるようみんなでシェアすれば子どもも嬉しい

使わなくなったおもちゃは知り合いのお店や友人、自分たちの経営する写真館に持っていき、**長くみんなで遊べるように**しています。地域の保育園などに寄付しても喜ばれそう。

ワンポイントアドバイス

子どもは自分が大切にしてきた物や事柄をほかの人にシェアされると、その子の自己肯定感UPにつながります。

育児あるある

や

やりっぱなしのパズル結局親が最後までやる

育児あるある

ゆ

夕寝して夜覚醒

夜覚醒しちゃったらどうする?

笑顔のコツ

諦めて楽しい思い出作りにシフトチェンジ

夜泣きや夜の覚醒時には、**夜の公園デートやドライブ**など、子どもと2人きりになれるチャンスと思って、親も毎回楽しんでいます。子どもにとってもいい思い出に残るはず。

ワンポイントアドバイス

外の光に当たった14～16時間後に眠くなるホルモンが分泌されます。夜の覚醒が続く場合は睡眠サイクルの見直しを。

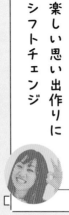

子どもの作品の保管はどうしてる？

笑顔のコツ

どうしても残したいもの以外は写真に撮ってデータとして残す

保育園で作った作品は、**持って帰って来た時に本人と一緒に写真を撮って、データで保管。**本人と撮ることで、見返した時に成長がひと目でわかりやすいです。

「絶対に残しておきたい！」と思う作品はファイルなどに入れて保管しておきますが、そのほかのものは処分してしまいます。残すかどうかのチョイスはママの独断です（笑）。

育児あるある

よ

幼稚園や保育園での作品家に溜まりがち

育児あるある

ら

ランドセル買ったら「私もほしい！」ってなる

兄弟やお友だちのものをほしがった時の対処法は？

笑顔のコツ

順番制度をしっかり作って「何番目？」と確認

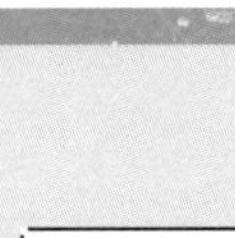

「1番〇〇ちゃん、2番〇〇ちゃん、3番〇〇ちゃん、1人〇回ずつね」と**しっかり順番を決めて伝える**ことがまず大切です。

そしてパパやママもそのやり取りに入って「パパは何番目？」と聞いて**「パパは3番だよ」と言葉に出させることで、子どもたちに自分の順番をしっかり理解させる**ことができます。

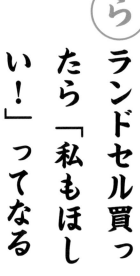

旅行やおでかけの荷物を減らすコツは？

笑顔のコツ

子どもの荷物は子ども自身に持たせることも

旅行のパッキングは１００円ショップで売っている圧縮袋を活用。子どもたちの洋服だけでもかなりの量になるので必須アイテムです。小物はポーチに小分けします。

子どもたちのお菓子やおもちゃなどの荷物は自分たちで準備させます。ウェットティッシュなど**意外とかさばるものは子どものリュックに入れることも。**

育児あるある

り

旅行の当日体調不良になりがち

育児あるある

る

ルーティンでいつもの公園行きがち

週末の過ごし方がマンネリになったら?

笑顔のコツ

子どもだけでなく、大人も楽しめるスポットに

おでかけがいつも公園ばかりだと親が飽きてしまうので、時には**大人の〝好きなこと〟を子どもたちと楽しめるスポット**に行くのもおすすめです。我が家はパパが好きなメダルゲームをしにゲームセンターに行ったりすることも。

　大人が楽しそうにしている姿を見て、子どももいろんな分野に興味を持ってくれると思います。

お片付けをスムーズにさせるコツは？

笑顔のコツ

形や色のお題に沿って片付けるオリジナルゲームに

ブロックなどのおもちゃは「青いものから片付けよう」と色や形で分担したり、「パパは大きいものから片付けようかなー。〇〇ちゃんは？」と子どもの担当を言葉にさせます。

ワンポイントアドバイス

「早くして」「ちゃんとして」は子どもにはよく理解できません。〝見える、聞こえる、数えられる〟表現で伝えてみて。

育児あるある

れ

レゴ踏んだ時の痛さは尋常じゃない

育児あるある

ろ

ロッカーや自販機のお金入れたがる

お金の教育はどうしてる?

笑顔のコツ

おこづかいはご褒美の一環。使う時は「自分より誰かのために」

お金のためにお手伝いをしてほしくないので、お風呂掃除など**家族みんなのためになるようなお手伝いをしてくれた時**に、ご褒美としておこづかいやお菓子をあげたり、公園に行ったり。3姉妹とも積極的にお手伝いしてくれます。

使うタイミングは子どもに任せていますが、「お金は人のために使ってね」と伝えています。

叱る時の役割分担はある？

笑顔のコツ

叱る役割とフォローする役割を必ず作って

ママも叱ることはありますが、しっかりと叱る必要がある時はパパが雷を落とします。そのあとはママがオアシスとなり**〝パパはなぜ叱ったのか〟を説明してフォロー**。

ワンポイントアドバイス

子育ての黄金比率は「ほめる：叱る＝3：1」。時には叱ることも必要ですが、その3倍ほめることも忘れないで！

育児あるある

わ

悪いことしてる時だいたい静か

育児あるある

を

オムツを替えた直後にまたする

トイトレをスムーズにするコツは?

笑顔のコツ

トイレという場所を「行きたくなる環境」にしてみて

トイレの電気を明るくしたり、壁に好きなキャラクターのポスターを貼ったりして、**トイレを「行きたくなる場所」にする工夫**を。トイレができたら「できましたシール」を貼れるようにもしていました。

習慣化させることが大切なので、できなくても**数時間おきに「トイレに座る」というトレーニング**から続けてみては。

あまのじゃくにはどう対応する？

笑顔のコツ

怒らずに話を聞きつつ、大人が楽しむ姿を見せて誘導を

気持ちの変化にも怒らずに、本人の言い分に耳を傾けます。**大人が楽しそうにやってみせる**と案外すんなりと「やっぱりそれをやる」となることも。

ワンポイントアドバイス

あまのじゃくは、自己表現期の子どもの成長の証。子どもの言い分に耳を傾け、受容してあげるといいでしょう。

育児あるある

ん

「ん〜…やっぱりこれ食べたい！」

"イライラしない子育て"の杉江健二先生が解説

ひろぴーファミリー流育児の ここがスゴイ！

POINT 1

夫婦間のコミュニケーション

パパとママで言っていることが違うと、子どもは混乱してしまいます。**普段から夫婦間のコミュニケーションをとり、子どもへの対応を一致させておく**ことは、子育てにおいて非常に重要なのです。

小さい子どものイヤイヤやグズグズなどのちょっと困った行動に対しても、日頃から夫婦で対応の仕方について話したり悩みを共有したりして、**どちらかが我慢するのではなく互いに協力できるような関係性を築けると、子育てがグッとラクになる**でしょう。その点では、ひろぴーファミリーさんは夫婦でうまく連携をとって育児をしていると思います。

杉江健二（すぎえ・けんじ）

1968年、名古屋市生まれ。一般社団法人青少年養育支援センター陽氣会代表理事。NPO法人あいち子育て支援プログラム研究会理事長。「SS式イライラしない子育て法®」（Communicative Parenting Approach コミュニカティブ・ペアレンティング・アプローチ）開発者。早稲田大学教育学部卒業。大阪大学大学院修了。長年、里親として児童福祉活動に携わる。現在は、ファミリーホーム「陽氣道場」を運営する傍ら、名古屋明誠高等学院学院長、不登校支援相談員として不登校、ひきこもり問題にも取り組む。著書『イライラしない子育て』（桜山社）。

親子でも夫婦でも、会話をする時は相手の意見を「受け止める」ことが何よりも大切です。

たとえば「あれがほしい！」と子どもが駄々をこねた時、すぐに怒ったり否定の意見や正論

POINT 2

パパ・ママの共感力

を打ち返したりするのを〝テニス型〟のコミュニケーションといいます。もうひとつは「そうなんだね」と受け止めてから「なんでほしいの？」と投げ返す〝キャッチボール型〟のコミュニケーションです。大人も子どもも「共感してもらえた」ということに安心感や信頼感を覚えるので、親への信頼感や夫婦の信頼関係に繋がります。

また、**キャッチボール型のコミュニケーションは会話の練習**でもあります。ひろぴーファミリーのパパさん、ママさんは、このキャッチボール型のコミュニケーションをしているので、子どもたちは言語的にも発達しています。

子どもに対してはもちろん、夫婦同士でも、「まずは受け止める」コミュニケーションを心がけるとよいでしょう。

POINT 3

「ほめ」：「注意」の割合

ひろぴーファミリーさんも「ほめる」ことを大切にされていますが、実際どれくらいほめるとよいのでしょう？　子どもに対しては「ほめる」：「注意する」＝3：1の割合。**1つ注意したら3つほめるようにすると、子どもの自己肯定感が高まる**とされています。

子育てをしていると子どもの欠けているところ、できていないところに目が行きがちですが、2つほめて5つ注意するなど「ほめ」と「注意」のバランスが崩れると、子どもは自信を失ったり、親子関係が壊れやすくなったりしてしまうのです。たとえば宿題をやっていない時は注意するけれど、ちゃんとやっている時は何も言わないでいる。**子どもは言葉でほめられないと「ほめられた」と感じない**ので、きちんと言葉で伝えることが重要です。

さらに夫婦間では4～5：1の割合でほめることを意識するとよいでしょう。

COLUMN 02

育児あるある 番外編

パパが日々思いついて書き留めた育児あるあるのうち、PART 1に惜しくも入り切らなかったものを厳選してご紹介します。

平日遅起き
休日早起き

カードや切符
入れたがる

動物園で
鳩に興味持ちがち

ルンバ
めちゃ怖がる

だっこしてないのに
揺れる

テレビを消したら
画面ベタベタ

歯ブラシが
すぐダメになる

ショッピングカートが
まっすぐに進まない

ブランコで隣になって
親同士なんか気まずい

高い高いしてる時
よだれが顔面に付きがち

やっと昼寝したと
思ったら宅急便が来る

あるある！と思ったら
この本のレビュー
お願いします！

PART 2

仕事×育児×動画配信……
超多忙な子育て夫婦の時間術

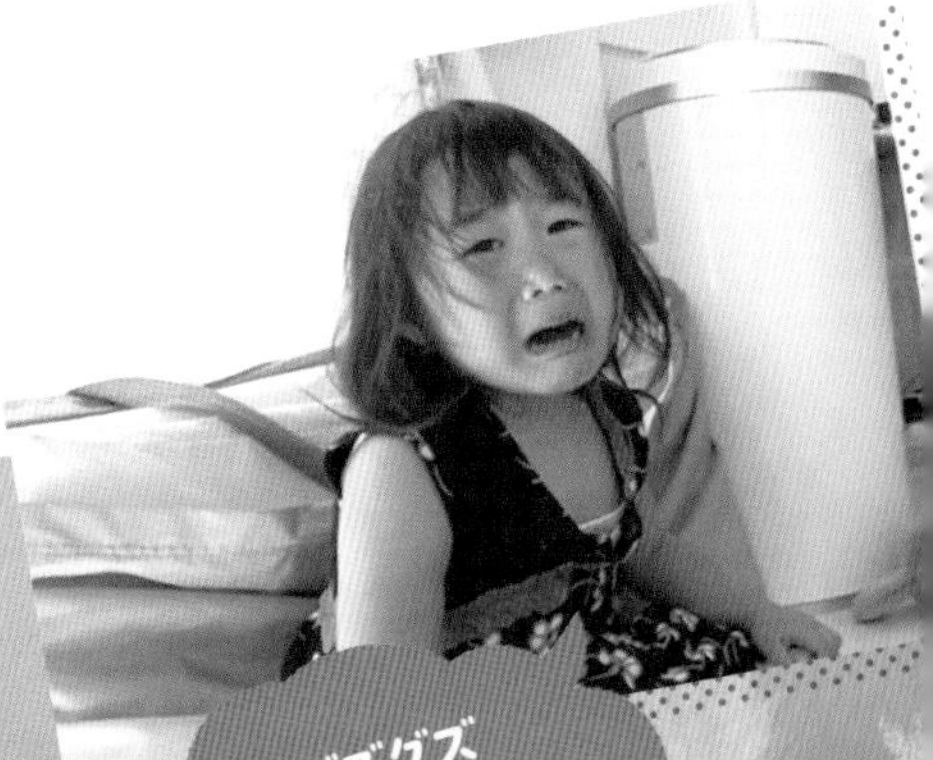
グズグズ
イヤイヤ
早くおさめるには?

仕事×子育て×家事
両立させるには?

01 共働き夫婦は平日どう過ごす？

共働き夫婦の平日タイムスケジュール

夫婦とも外で働いていると平日は毎日バタバタですよね。そんな中でも夫婦で協力して時間をやりくりしています。

パパの平日タイムスケジュール

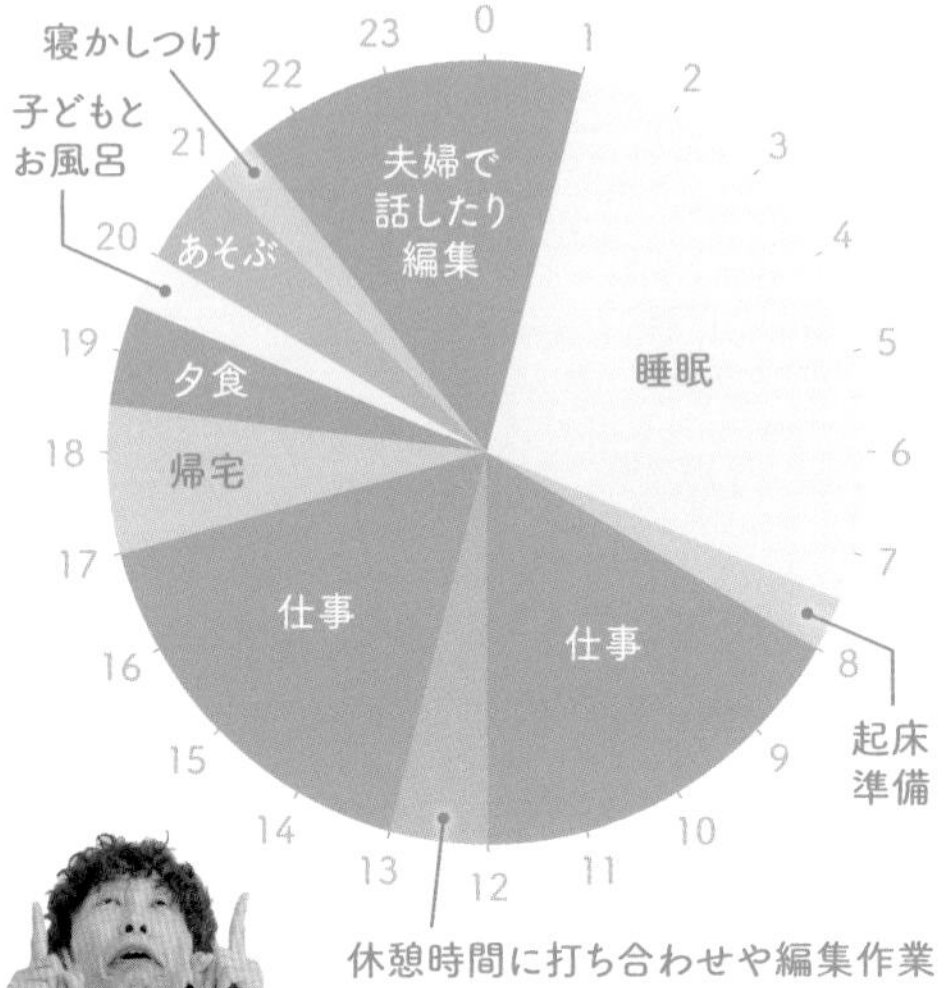

寝かしつけ
子どもとお風呂
夫婦で話したり編集
あそぶ
夕食
帰宅
睡眠
仕事
仕事
起床準備
休憩時間に打ち合わせや編集作業

なるべく早く帰れるように仕事も効率的に！

ママの平日タイムスケジュール

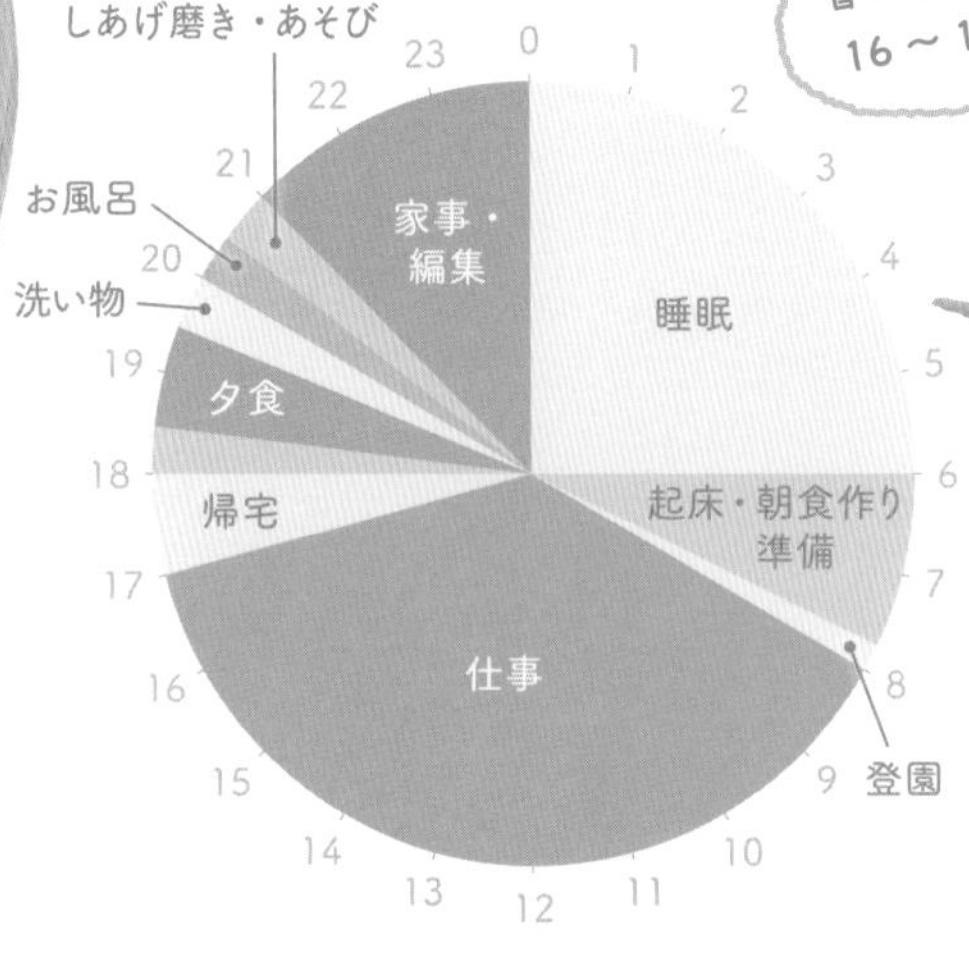

しあげ磨き・あそび
お風呂
洗い物
家事・編集
夕食
帰宅
睡眠
起床・朝食作り準備
仕事
登園

習いごとの日は仕事を短縮して16～17時頃に行っています

02 出発前は いつもバタバタ

朝の準備がスムーズになる方法

毎日の登園前や休日のおでかけ前は、家を出る直前までバタバタしがち。朝の時間が少しラクになるコツをご紹介します。

朝はホントに時間がない！

子どもポイント

日頃から子どもたちの「あれ取って～」「抱っこして～」などの小さなお願いも必ずやってあげて「子どもポイント」を貯めておくと、いざという時「急いで！」などのお願いも聞いてくれやすくなります。

タイマーやBGM

「あと○分でやろう！」「この曲が終わるまでだよ！」などとタイマーや音楽を活用。タイマーは残り時間がわかるように見せるのがコツです。

BGMは「天国と地獄」が定番

即興ゲーム

「誰が一番早くできるか」を姉妹や親と競争させたり、じゃんけんや歯医者さんごっこをしたり。遊びをまぜながら支度するとスムーズです。

いそげ～！

できたらほめる

早くできたりがんばったりしたあとは、思いっきりほめます。これで次の朝の準備が少しでも早くなるはず。

03 忙しい時に限ってグズる

グズグズ・イヤイヤ早くおさめるには？

朝の準備でバタバタしている時にグズられると、精神的にもまいりますよね。なるべく早く機嫌を直すコツがあります。

自分でやらせる

焦りでつい親が手を出してしまいがちですが、グッと堪えて待つのが一番の近道。「やって～」と言われてから初めて手伝ってあげます。

落ち着くまで待つ

ギャン泣きが少しおさまるまで一旦待ってから、言い分を聞きます。「〇〇したかったんだね、わかったよ」という一言だけで落ち着いてくれることも。

「ちょっと待って」を言わない

急いでいる時こそ、子どもの「あれやって、これやって」には「いいよ！」と言ってなるべくすぐに対応するのが、グズグズを回避するポイント。

04 バタバタで間に合わない！

荷物の準備をラクにするには？

大人と子どもそれぞれの持って行くものを用意するのもひと仕事。なるべくバタバタせずにパッキングできるようにましょう。

前準備が9割

朝に時間がないのは確実なので、前日のうちに登園バッグや休日のおでかけの荷物はほぼ準備を終えておきます。ママは子どもたちの着替えやオムツ、パパは撮影道具などを用意。

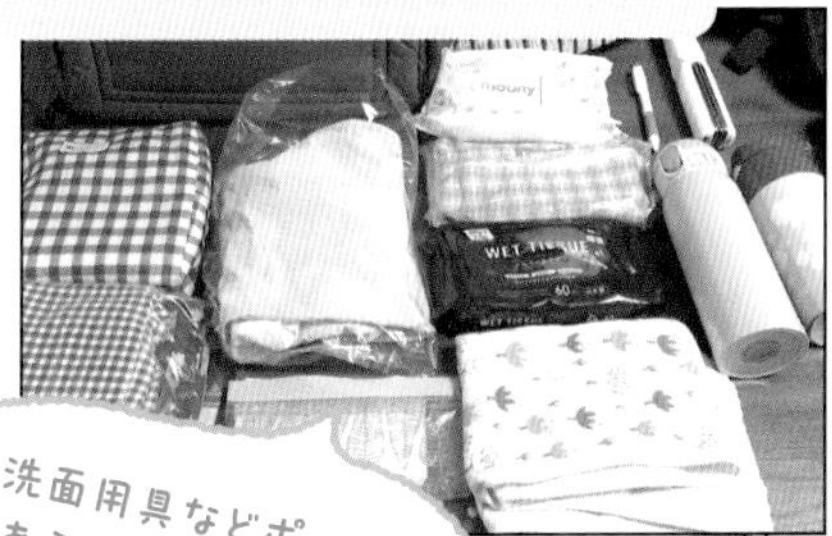

洗面用具などポーチにあらかじめ入れておく
朝は持って行くだけ

子どもの荷物

子どもたちのお菓子やおもちゃは、当日自分たちでバッグに入れてもらいます。自分で持てる分だけというルールに。

ウェットシートなども子どもバッグにIN

おでかけ用を常備

休日の遠出のためにわざわざバッグを入れ替えると、面倒だし忘れ物にもつながります。おでかけ用のバッグには常に必要なものを入れておいて、帰宅後すぐに補充しておくとラク。

05 家事の時短はどうしてる？

パパ＋ママ＋家電 3人体制が基本

家電を「1人」と考えて、家事をありとあらゆる家電に頼っています。夫婦では「気づいた方がやる」が基本です。

飲み物は園の水筒でそのまま！洗い物も減ります

料理

ごはんはできたものから並べて食べ始めるスタイル。月に1度、ミールキットも頼んでいます。

担当は決めない

家事の分担はあえて決めず、子どものお世話をしていない方が、その間にできる家事をやっておくスタイルに。

下着や園の服はローテですぐ着るので畳みません

掃除・洗濯

乾燥機付き洗濯機、掃除ロボット、食洗器に頼り切っています。洗い終わった洗濯物すら畳まないことも。

06 子どもと過ごす時間はいつ作る？

子どもたちとの日常ルーティン

共働きだと「子どもと過ごす時間を十分とれているか」と不安になることも。そんな時は朝夜のお世話を濃い時間にしてみて。

ごはん

朝はママが少し先に起きて準備。家族は起きてきた順に食べ始めます。夜はパパもなるべく一緒に食べるようにしています。

お風呂

基本はパパが3姉妹を連れて入ります。1日のできごとを話したり遊んだりできる大切な時間です。

寝かしつけ

寝室の電気を消して一緒に横になり、小さい声でお話をしています。毎日パパの隣を取り合っています。

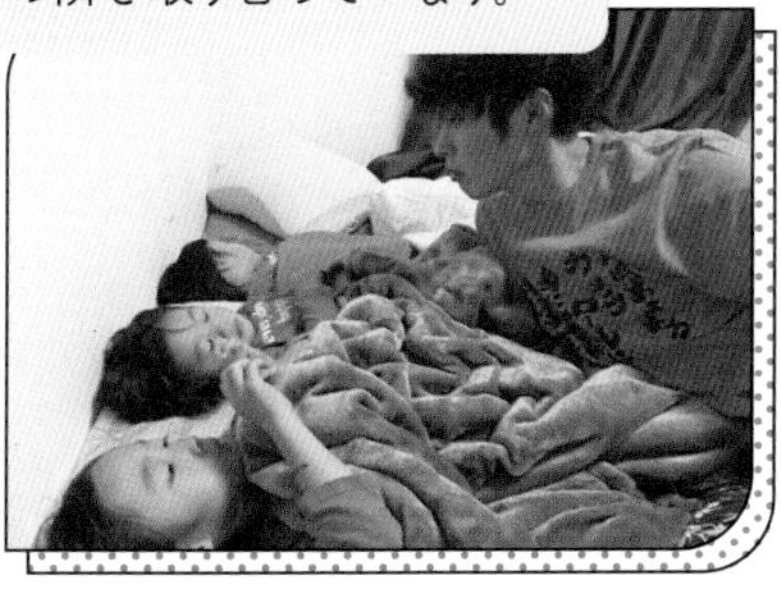

遊び時間

寝るまでの少しの時間で子どもたちと遊びます。この時、なるべく短時間でも子どもと1対1で遊ぶように工夫します。

07 料理に時間がかけられない！

ママの究極時短レシピ！

時間がない時ややる気が出ない時の時短メシ。材料は日頃からストックしておくのが大切です。

お弁当風

ウインナーとスクランブルエッグなど、お弁当に入っていそうなおかずは、簡単で子どもたちも喜んで食べてくれます。

お弁当箱に入れるだけでテンションアップ！

かけるだけごはん

レトルトカレーやお茶漬け、卵かけごはん、納豆ごはんなど、ごはんの上に“かけるだけ”のメニューは鉄板です。

冷凍品を買いだめ

ふるさと納税などで冷凍ハンバーグやレストランのお弁当を買って大量にストックしておくと、いざという時便利。

レンチンや焼くだけの食品は超便利です

08 お片付けがなかなか進まない！

時短になる お片付け術

片付けが得意な方ではないのですが、何事も時間はかけない主義！お片付けも短時間ですませましょう。

おもちゃ収納

一番散らかる子どもたちのおもちゃは、すべて子ども部屋に放り込みます。リビングで遊んだら、カラーボックスにひとまとめにして子ども部屋へ。リビングは広く使えるようにします。

収納ははじめから
余裕を持っておきます

キッチン・水回り収納

洗剤などのストックは100均グッズで小分けにして整理整頓します。日常で使うものは出しっぱなしにしていることも多いです。

場所を決めすぎない

一般的には場所を決めた方が片付けはスムーズだと思いますが、我が家はけっこう適当です。見栄えやスッキリ感よりも「使いやすさ」「取り出しやすさ」を重視。

ゴチャゴチャしてても
時短は時短！

09 寝かしつけに時間がかかり過ぎ!

寝かしつけが早くなるコツ

毎日の寝かしつけが時短できればかなりラクになりますよね。試行錯誤の末、我が家の寝かしつけは3人で約5分。その方法は?

湯船につかる

お風呂では夏でもしっかりと湯船につかって身体を温めます。湯船の中ではカラオケ大会が定番。

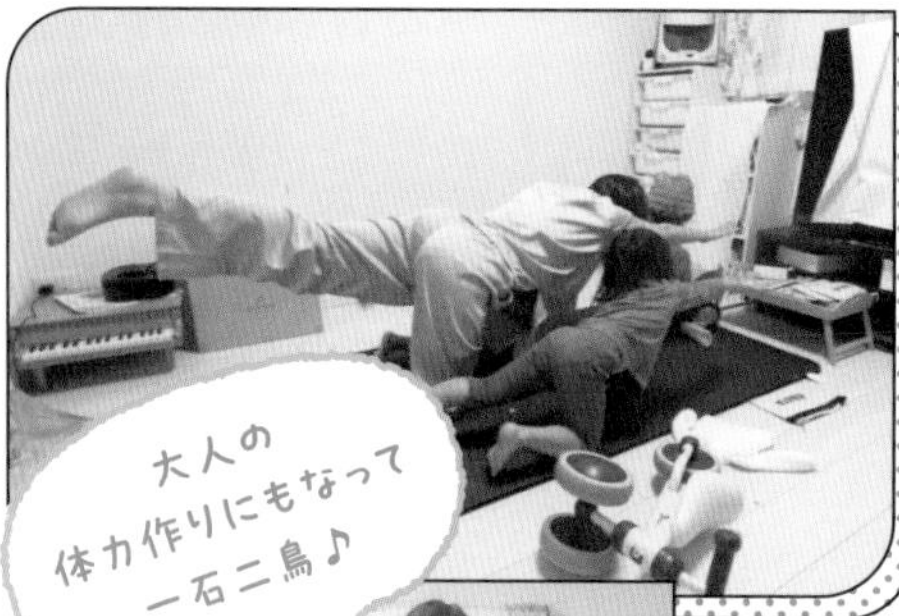

大人の体力作りにもなって一石二鳥♪

適度に運動

ママが寝る前にやるヨガを一緒になってやったり、パパの筋トレに付き合ったり。寝る前に軽く身体を動かします。

頭を使う遊び

パズルやドリルなど、頭を使った遊びでも脳が疲れて寝つきがよくなります。絵本を子ども自身に読んでもらうのもいいかも。

寝る前の1時間くらいは遊んでOKにしています

10 1人になれる時間がほしい!

お互いの1人時間どうやって作る?

どんなに仲がよくても、1人の時間は大切。ひろぴー夫婦の1人時間の作り方をご紹介します。

イライラをぶつけてしまう前に退避!

育児の合間

子どもといてイライラしてしまった時は、キッチンに隠れてチョコレートを食べたり、トイレに避難することも。

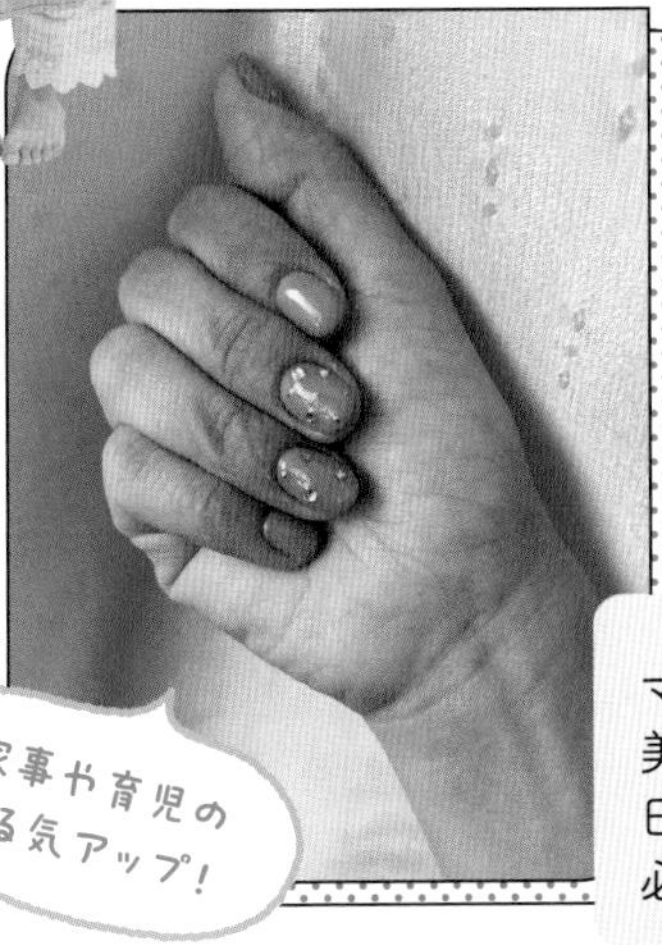
家事や育児のやる気アップ!

美容デー

ママの平日休みがある時にネイルや美容院などの予定を詰め込みます。日々のモチベーションアップのために必要不可欠。

共同作業なので自然と会話も多いです

夫婦の時間

寝かしつけ後はそれぞれ家事や動画編集の時間。同じ空間に居ながらそれぞれの作業にも集中できるようにしています。

11 小さな時短術ある？

共働き夫婦の時短術

共働きで育児をしながら動画投稿もしているので、時短には相当こだわっています！その時短方法を余すことなくお伝えします。

名もなき家事…

カーテンを開けたり電気を点けたり鍵をかけたり…あらゆる電化製品をスマートスピーカーで制御。リモコンを探す時間や鍵のかけ忘れなどがなくなり、かなりの時短になります。

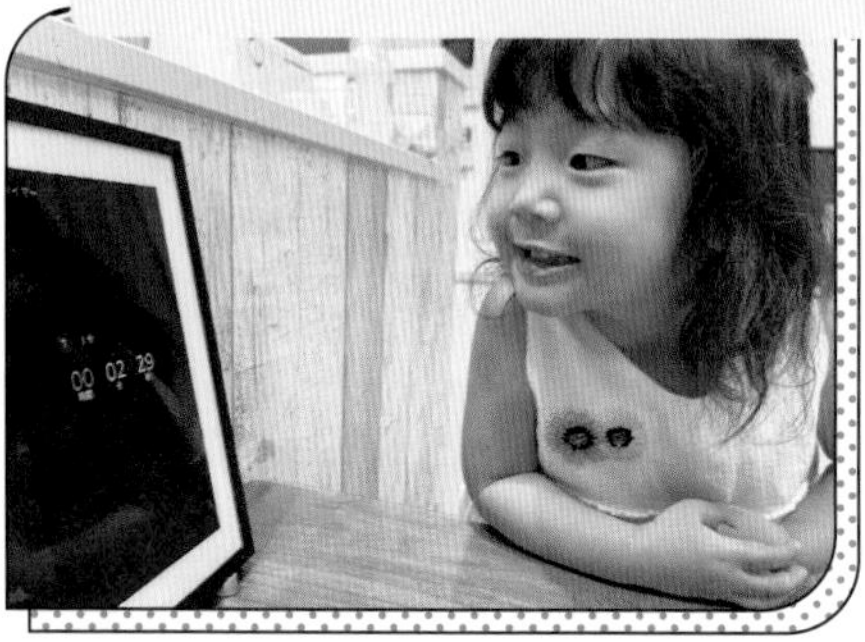

買い物

食材や日用品など、親の買い物はほぼネット通販で完結しています。ポイ活をして日用品をお得にゲットすることも。

ポイ活
男子です…

メイク

子育てしているとメイクにも時間をかけられません。オールインワンの化粧品を使ったり、アイメイクはまつげパーマで時短したりしています。

化粧水～美容液
までを短縮！
Opme
ASTALIFT

12 仕事と家事育児ってホントに大変！

仕事×子育て×家事両立させるには？

毎日本当にお疲れ様です。我が家も共働きで家事、育児をしていますが、ファミリー流の両立の秘訣をお伝えします。

家事は適当に

おかずはたくさん作らなくていい。洗濯物は今日畳まなくてもいい。全部自分でやらなくていい。完璧を目指すより、家族の笑顔の方が大切です。

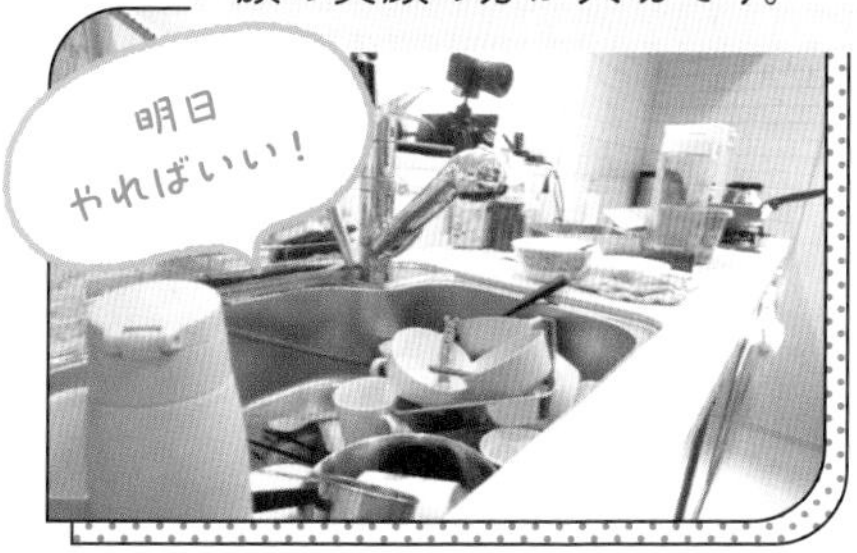
明日
やればいい！

夫婦の連携

寝かしつけをしている間に他方が洗濯を畳む、あやしている間に料理をするなど、チームプレーが不可欠。仕事の忙しさや体調なども夫婦でお互いに気を遣い合い、補い合いたいですね。

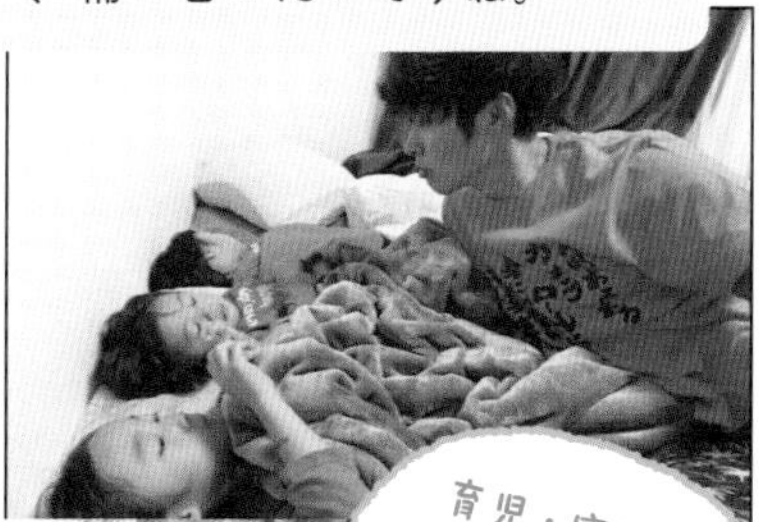

育児・家事で
やってほしいことは
やってほしい時に
伝える！

しつけの基礎作り

「子どもが言うことを聞いてくれない」という悩みをよく聞きます。我が家では日頃から子どもたちの言うことをなるべく聞くようにして、いざという時こちらのお願いを聞いてくれやすくしています。

13 仕事しながら撮影や編集は可能？

共働き育児で動画配信もできる理由

仕事×育児×家事にさらに動画撮影・編集までこなしている我が家ですが、その時間の捻出方法をご紹介します。

1分1秒にこだわる

時短できるところは家電や周りの人にどんどん頼る。編集作業や動画の企画は仕事の合間やおでかけの移動中など、スキマ時間にも入れています。

片手間でもかなりの時間を捻出できます！

TODO管理

動画撮影に関しては基本パパが企画をし、必要な買い出しなどをママにお願いすることも。タスクはLINEで共有し、ママにリマインドしてもらっています。

親の趣味も兼ねる

パパもママもカメラ好きなこともあり、撮影はいつも楽しんでやっています。子どもたちの成長の記録という意味もあるので、一石三鳥です。

大人も楽しめるので続けられます

14 子育て家族は休日どう過ごす？

休日のファミリールーティン

夫婦とも仕事が休みでも、休む時間はなし！「家族の時間」を思いっきり楽しむ休日のタイムスケジュールを公開します。

休日はほぼおでかけして、動画の撮影をしていることが多いです

ファミリーの休日タイムスケジュール

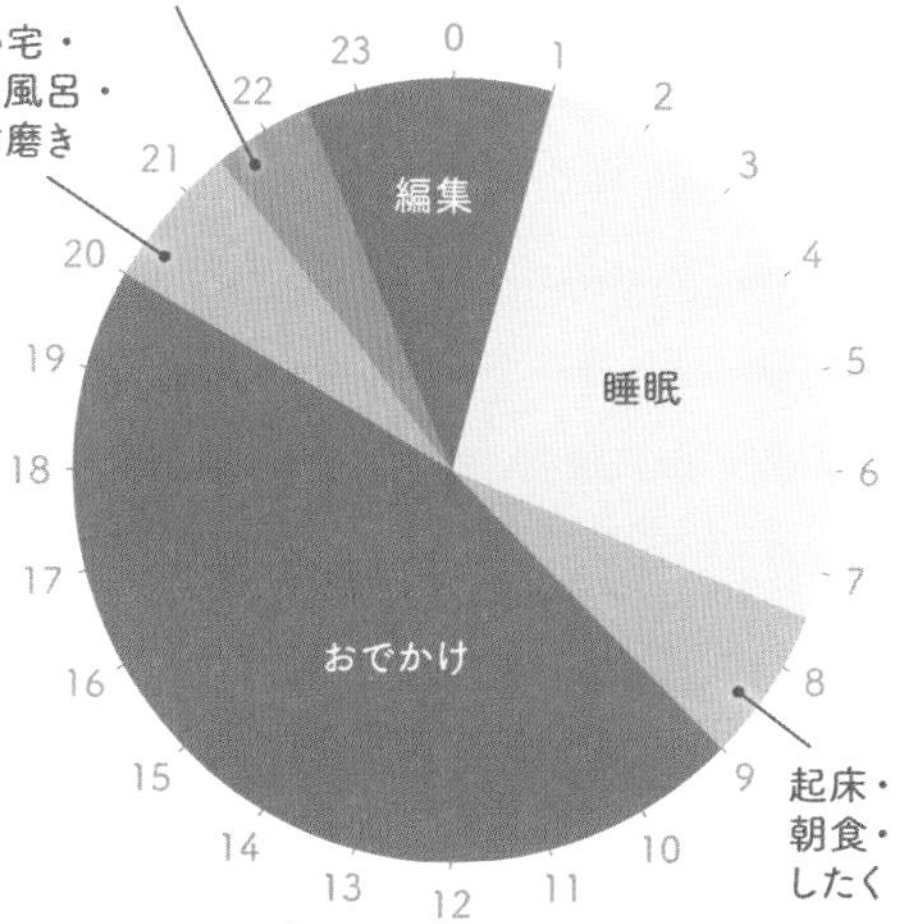
0
1
2
3
4
5
6
7
8
9
10
11
12
13
14
15
16
17
18
19
20
21
22
23
睡眠
起床・朝食・したく
おでかけ
帰宅・お風呂・歯磨き
寝かしつけ（パパ）家事（ママ）
編集

日常の動画はカメラの遠隔操作やタイマーで撮影開始

15 休日のおでかけはどう過ごす？

おでかけは子どもの体験を重視

休日はいろんな体験ができるのでおでかけすることがほとんど。場所は当日、子どもたちの要望や気分で決めることも多いです。

自然に触れる体験

季節ごとにお花がきれいな場所に行ったり、キャンプに行ったり、自然に触れられるところによく行っています。

特に長女は
普段我慢している分、
存分に甘えさせます！

一人ずつの時間

定期的に子ども一人ずつと過ごす時間を設けて、しっかり話をしたりわがままを聞いてあげるようにしています。

はじめての体験

お留守番やおつかい（実際はモニタリングしてますが）など、子どもにとってはじめてになるような経験をたくさん積ませたいと思っています。

何事も
チャレンジ！

16 外出先からなかなか帰れない

おでかけからスムーズに帰るには？

楽しいおでかけだったからこそ「まだ遊ぶ！」「帰りたくない！」とグズることも。そんな時のちょっとしたコツを紹介します。

次の楽しみ

家や帰り道に楽しいことをあらかじめ用意しておくとスムーズです。あまりお金をかけたくないですが、お菓子やバスボムなどに頼ることも。

あらゆる手を使って家に誘導しますよね

選ばせる

「こっちの道かあっちの道、どっちから帰る？」「おやつは○○か△△どっちがいい？」など選択肢を示してあげると、意外と気持ちを切り替えてくれます。

どっちがいいかな？

ゲーム

公園での帰り際は「あと○回やったら終われるかな？」「あと○秒！」と競わせるなどゲーム感覚で。

大人もゲームに参加するのがポイント！

17 家族のスケジュール どう管理してる?

夫婦・家族の時間管理術

夫婦それぞれの予定や子どもたちの行事の予定など、5人家族のスケジュール管理方法をご紹介します。

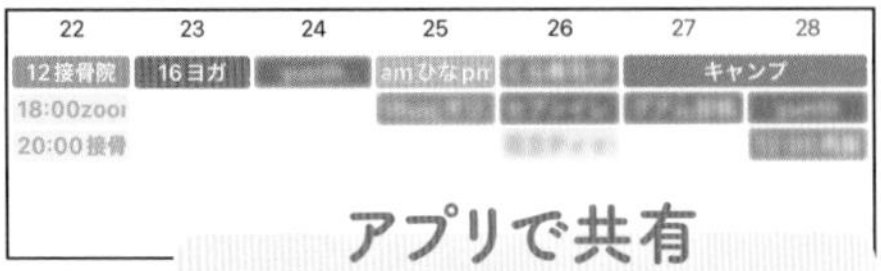
22
23
24
25
26
27
28
12接骨院
16ヨガ
amひなpn
キャンプ
18:00zoo
20:00接骨

アプリで共有

「タイムツリー」というコミュニケーションアプリを使って夫婦の予定を共有しています。保育園の行事や週末の予定も全部入れて管理します。

冷蔵庫横

保育園の懇親会のお知らせなどは毎日目にする冷蔵庫横に貼って、忘れないようにしています。ひなたが小学校に上がったらもっと大変になるかも…。

夫婦で無理のないスケジュールに

会話で共有

細かい調整は寝かしつけ後の夜の時間に夫婦で話し合います。パパは忘れがちなので何度もリマインドします…。

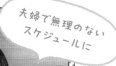

18 買い物やTODO忘れそう！

家族のタスク管理術は？

消耗品の補充や子どもたちのイベントごとの準備など、家事・育児のタスクって意外と多くて忘れがちですよね…。

ネット通販のセールでまとめ買い！

消耗品の補充

洗剤などの家族の消耗品はいくつかストックしておいて、減ってきたら気づいた方が買うか、パパがまとめて通販で購入するスタイル。

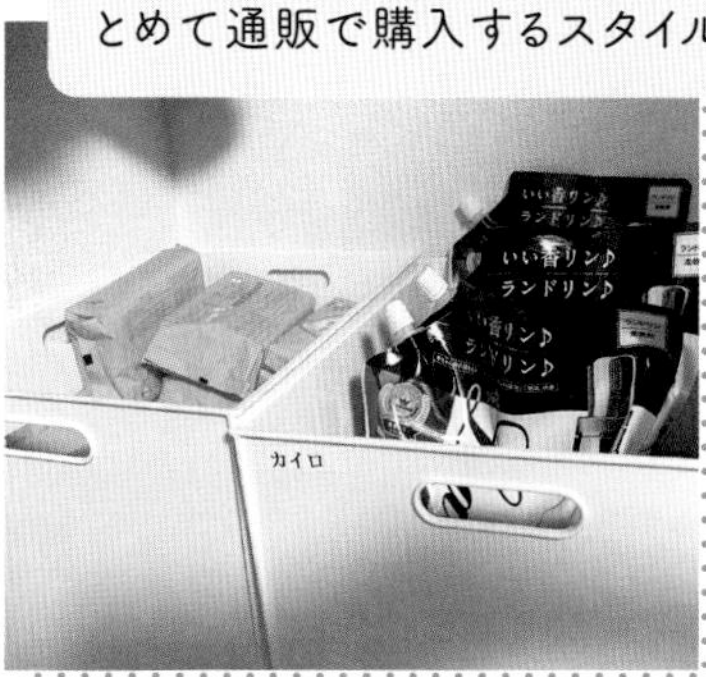

LINEで共有

イベントごとや動画撮影のための買い出しは、ママが平日休みの日に。パパが買っておいてほしいものをリストアップして、カレンダーアプリやLINEで共有します。

本日のTODO
カット作業
共働きモーニングルーティン
週末買う物
朝ごはんの食材
バナナ、ガムテープ
ダンボール、
動画最終確認
ドミノピザ
ひよとパパのデート
今日もよろしくお願いしますー
仕事頑張ってきまーす♪
8:40
おっけ
行ってきまーす！
8:50

アプリで管理

タスクが多くなってきたら、夫婦で共有できるアプリを利用。いろいろなアプリを試してベストなものを模索中です。

19 七五三や誕生日は準備が大変！

子どものイベント準備はいつする？

我が家では子どもたちのイベントごとは基本的にママが管理。イベントの1～2ヵ月前から準備しています。

リサーチ

子どもたちの誕生日をお祝いする旅行など、おでかけをする場合は1～2ヵ月前から場所ややることのリサーチ。動画を撮るのでパパが担当します。

子どもたちの誕生日には必ずママに「産んでくれてありがとう」と感謝を伝えています

買い出し

準備物をリストアップしたら、ネット通販などで購入。夫婦で手分けして準備をします。イベントごとは子どもたちにサプライズをすることが多いので、購入したグッズはクローゼットの上の方などに慎重に隠しておきます。

お祝いごとやイベントは全力で盛り上げます！

20 1人で子どもを見るのは大変！

ワンオペ育児はどうこなす？

パパの仕事がある祝日やママのおでかけのためなど、ワンオペで3姉妹を見ることも多数。そんな時の過ごし方をご紹介します。

お菓子作り

クッキーなどみんなで楽しめるお菓子作りは、時間も潰せてお手伝いにもなっておいしいものも食べられるのでおすすめです。

ちょっとした工程だけでも、できたらほめてあげて

おでかけ

ママのワンオペの時は、パパがいる時には選ばないような場所をチョイスしてでかけることも。ちょっとした買い物も、何を買うか子どもたちと話しながら決めると楽しめます。

子どもに書き出してもらうのもGOOD！

お弁当

家の中で過ごす場合でも、ごはんをお弁当箱に入れるだけで子どもたちのテンションは上がります。中身はちゃんとしたものでなくても、残り物やスクランブルエッグなどの簡単なものでOK。

21 子どもの急な発熱時はどうする？

イレギュラーへの対処法は？

子どもが急に熱を出すなど、イレギュラーが発生することはよくありますよね。そんな時の我が家の対応をご紹介します。

仕事を早退

園からの電話はまずママにかかってくるので、ママが仕事を早退することが多いです。３人を連れて病院に行くのが難しい場合は、パパが定時で帰ってくるのを待ってから行きます。

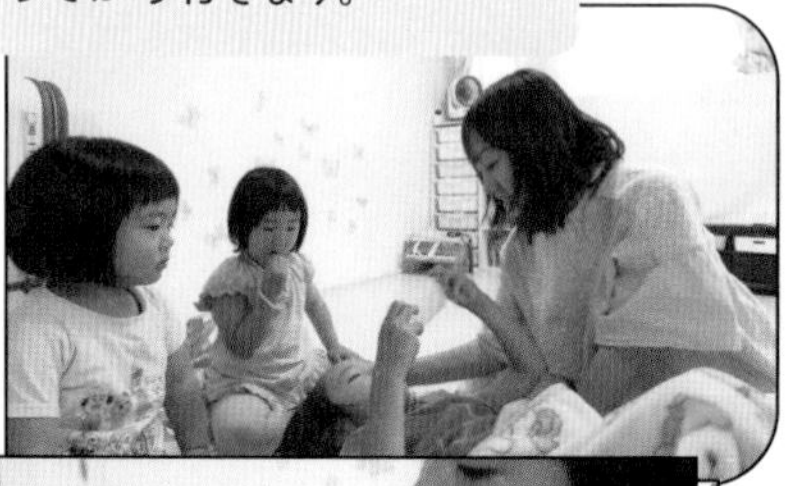

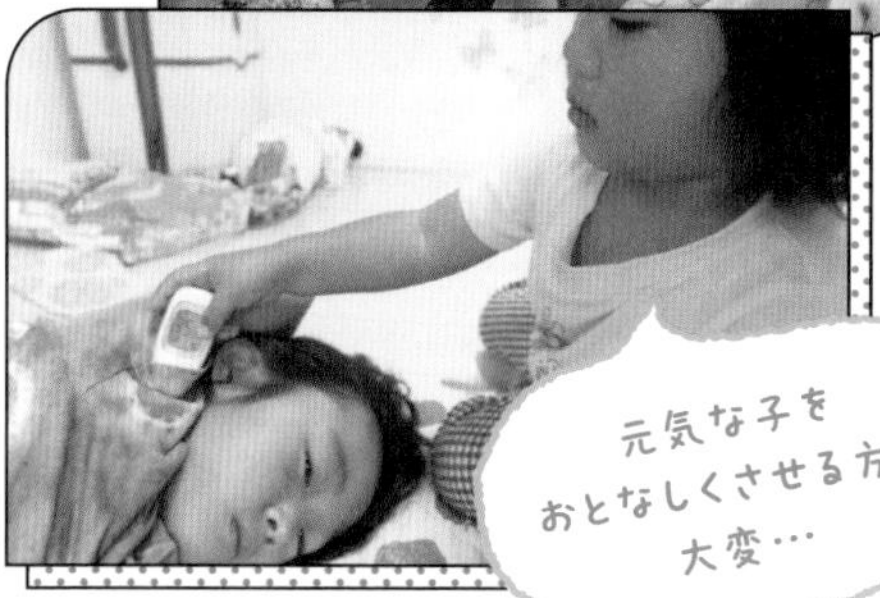

元気な子を
おとなしくさせる方が
大変…

流動的なスケジュールに

仕事のスケジュールなどは流動的に組んでおき、常にイレギュラーに対応できるようにしています。

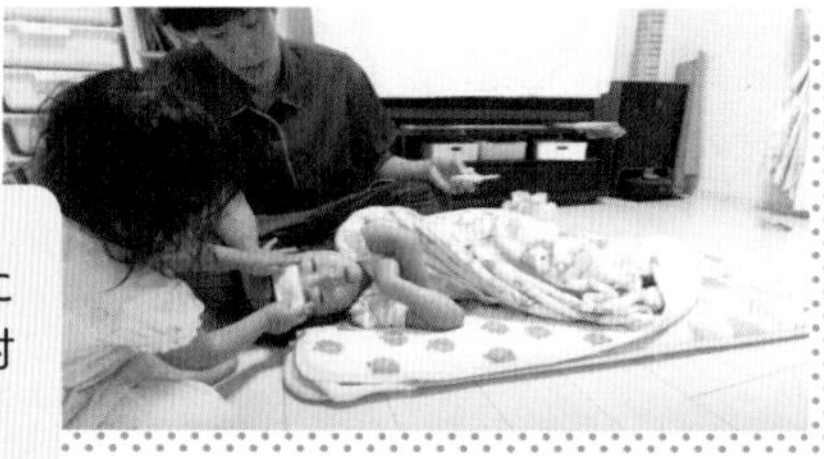

早めに対応

ひどくなってから何日も休む方が大変なので、子どもの体調が少し悪そうな場合は仕事の半休をとって早めに受診させるなど、なるべく悪化する前に対処しておくと◎。

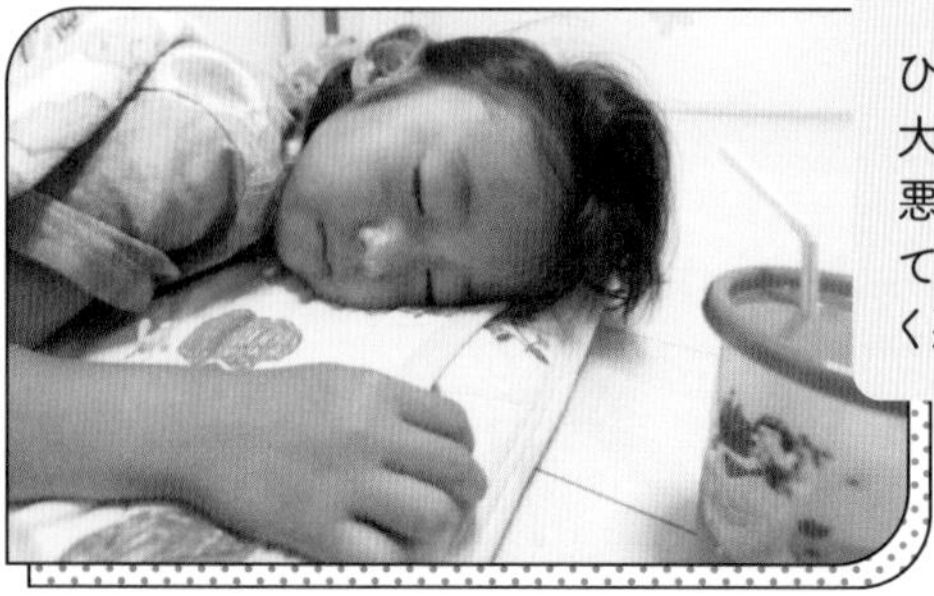

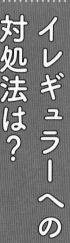

22 保育園の行事は参加する？

園のイベントは100%夫婦で参加

運動会や発表会、懇親会など保育園や小学校の行事には必ず夫婦で参加します。スケジュール調整や楽しみ方は？

仕事を調整

保育園の年間行事予定などがわかったら、スケジュールは夫婦間の共有アプリに即記入。すぐに仕事の有休をとって調整します。

ただし子どもに期待をかけ過ぎないように！

準備も全力で

運動会や発表会などは親も子ども以上に全力で楽しみます。数日前から子どもと一緒に目標を決めて練習して、本番も精一杯応援します。親も変に格好つけずに童心に返って参加した方が、何倍も楽しめるはず。

努力をほめる

結果がどうあれ、がんばった姿をめちぎります。準備した時間も共有しているので、「練習したあの部分はできてたね!」とその成果などを具体的に伝えることもできます。

イベントはその前後の時間も大切にしています

23 夫婦２人で過ごす時間は作れる？

夫婦の記念日や「独り占め」の日

結婚記念日に夫婦2人で過ごしたり、子ども1人と夫婦の3人だけで過ごしたりする日を年に数回設けています。

親戚に預ける

特別な日は、いとこや母に子どもたちを預けています。日頃から行き来したり一緒に遊びに行ったりして、良好な関係を築いています。

いとこの子どもたちとは仲よしです

独り占めの日

３人子どもがいると、なかなか子ども１人だけとしっかり向き合う時間が作りにくいので、パパママを独り占めする日を作ります。その日だけは思い切りわがままを聞いて、甘えさせてあげる日です。

子どもも親もいい思い出になるはず！

24 子どもができると自分の時間は減る？

子どもができてやめたことは？

子どもが小さいうちは自分が自由にできる時間はどうしても減ってしまいます。「やめた時間」や代替案は？

娯楽の時間

パパは元々、カラオケやゲームセンターなどの娯楽が大好きでしたが、結婚して子どもができてからは行かなくなりました。最近は子どもたちを連れて行けるようになって、パパの楽しみが増えています。

親も楽しめて、旅の記念にもなる！

ゲームの時間

携帯ゲームやハンティングゲームなどが好きだったパパですが、ほぼやらなくなりました。長女が大きくなってきて、一緒にレースゲームなどを楽しめるようになっています。

長女はゲームにハマりつつあります

読書の時間

ママは小説やマンガなどを読むのが好きですが、なかなか時間がとれません。育休中はわりと余裕ができるので読みたいと思います。

25 外出できない日はどうする？

おうち時間の過ごし方

雨などで外に出かけられない時、遊びたいさかりの子どもたちを家の中でいかに楽しく遊ばせるか？

パーティー

具材をのせたり巻いたりする工程を一緒にできるピザやサンドイッチなどを作って「ピザパーティー」や「手巻き寿司パーティー」を開催。「パーティー」というだけで楽しい気持ちになれます。

子どもたちはあまりやらないのでパパばかりです

テレビゲーム

パパはゲームが好きなので、子どもたちと一緒にやったり、見せたりすることも。

子どもたちの遊びたい欲の発散には効果的！

体を使う遊び

馬になったり、腕でブランコをしたり、パパの筋トレ兼遊びもよくやりますが、体力の消費が激しいです。

工作

折り紙とテープで切り貼りしたり、トイレットペーパーの芯でボウリングをしたり、ネットからダウンロードして印刷した塗り絵など。特別なものを用意しなくても、子どもはあるもので十分遊んでくれます。

26 親が病気でダウン！どうしよう？

体調が悪い時の家事・育児は？

親の体調が悪くても、家事・育児に休みはないですよね…。周囲に頼れたらそれが一番ですが、頼れない時の対処法は？

基本はワンオペ

夫婦どちらかがダウンしたら、基本はもう一方が家事も育児もすべてやります。大変な時こそ全力で支えてあげると、かなり評価も上がるはずです。

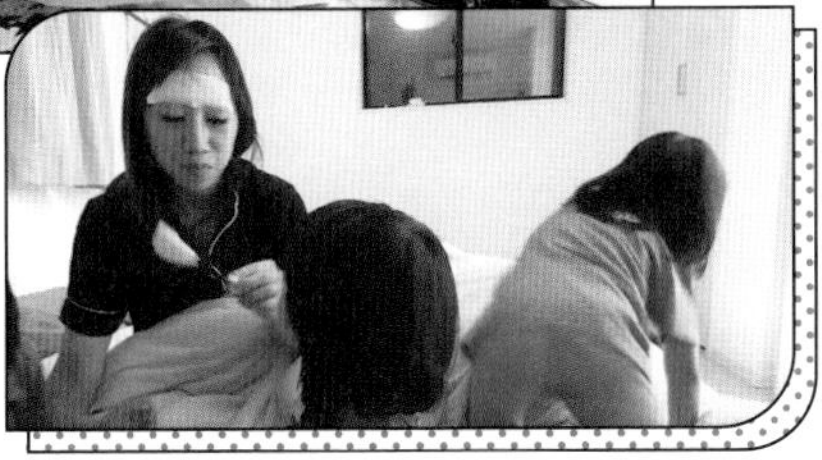

無理せず休む

パパは風邪を引いていても無理してやろうとするところがあるので、そういう時は「早く治すには休まないとダメ」と釘を刺します。

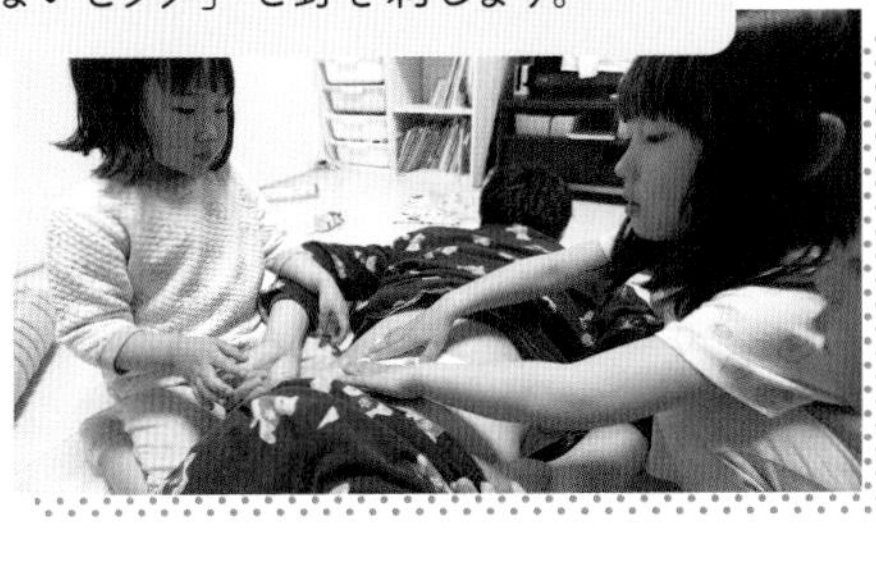

ゴロゴロする

体調が悪いまま子どもたちを見ていないといけない時は、無理せず「今ママ体調悪いから」と言って横になりながら子どもたちを見守ります。

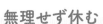

27 親が風邪を引くと詰んでしまう!

子育て夫婦の体調管理法は?

親が体調を崩すと弊害が大きいので、体調管理も徹底しています。とはいえ風邪やケガなどもしてしまいますが…。

睡眠の質を高める

会社勤め＋動画編集で時間がなかなか多くとれないので、アイマスクをしたり、枕やマットレスをフィット感のあるものにしたり、いかに短時間で濃い睡眠にするかを重視しています。

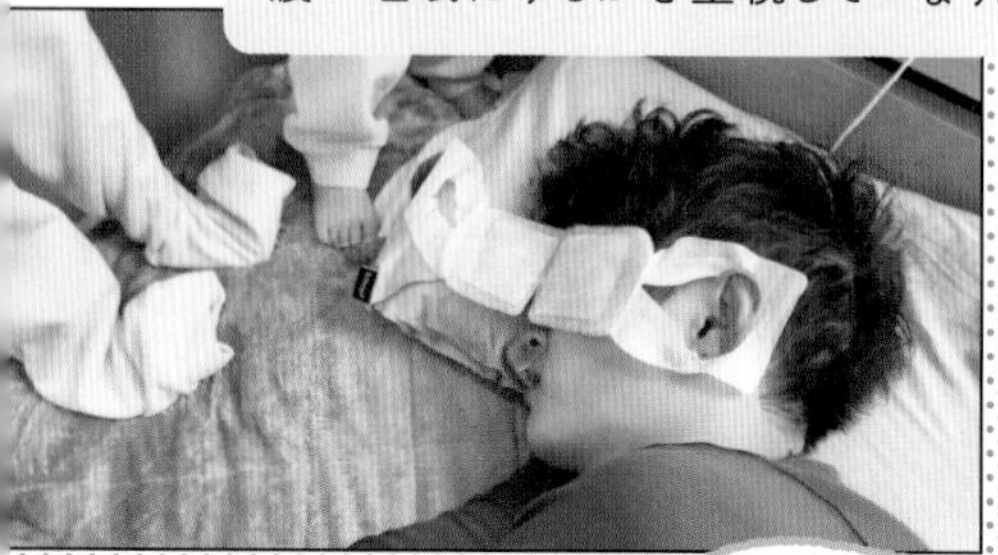

手軽に摂れるので重宝してます
グミサプリ
ビタミンC
葉酸+鉄
これ1粒
GROW
aub

サプリメント

マルチビタミンやマカなどのサプリメントを飲んでいます。何を飲むかは一度お医者さんでしっかり相談するのが◎。体調が悪くなりそうな気配がしたら早めに薬を飲むようにもしています。

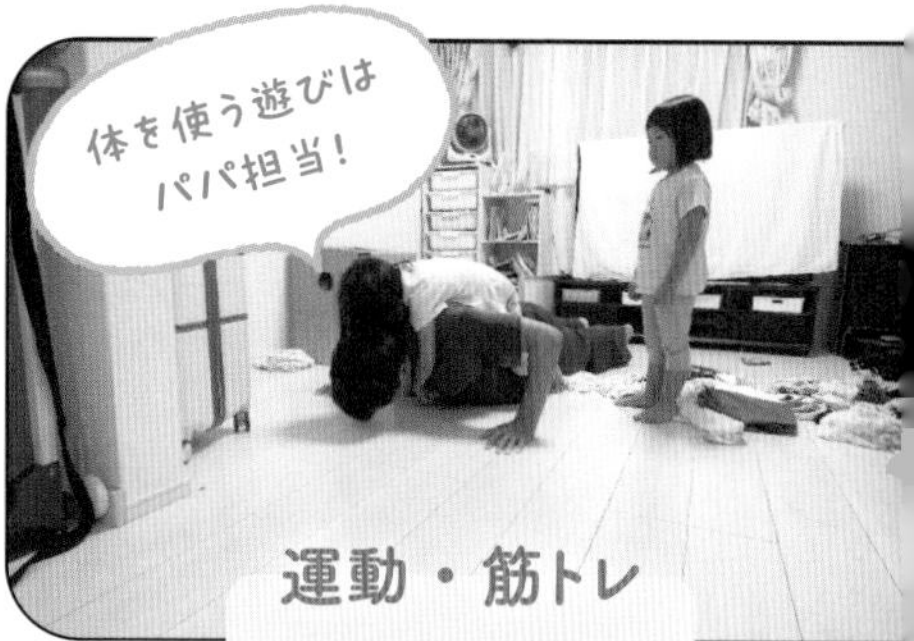
体を使う遊びはパパ担当!

運動・筋トレ

パパは仕事終わりに職場の周辺を30分ランニングしたり、週1でジムに行ったりしています。子どもと遊びながら筋トレをしたりも。

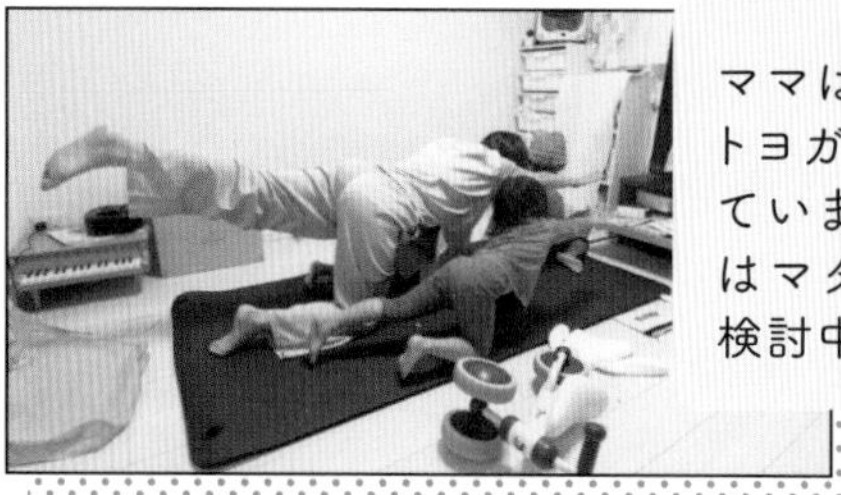

ヨガ

ママは妊娠前はホットヨガに週1回通っていました。妊娠中はマタニティヨガを検討中…。

28 子どもが生まれたら働き方を変える？

ひろぴー夫妻の働き方転換点

我が家では出産や育児をしながら、夫婦それぞれの働き方を変えてきました。現在はパパは会社員、ママはパート（自営業）。

育児を機に転職

パパは次女の妊娠を機に子育ての時間をもっととれるよう、営業職から内勤の仕事に転職。いくつかしていた副業もやめ、子育てしながらできるYouTube活動を開始しました。

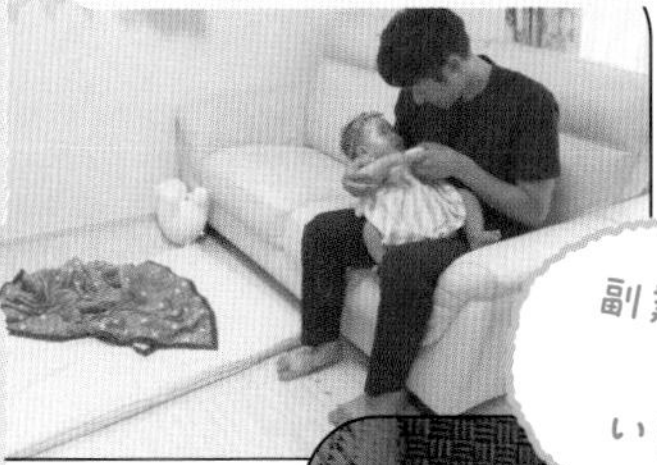

副業はテレビ通販やラジオなどいろいろしました！

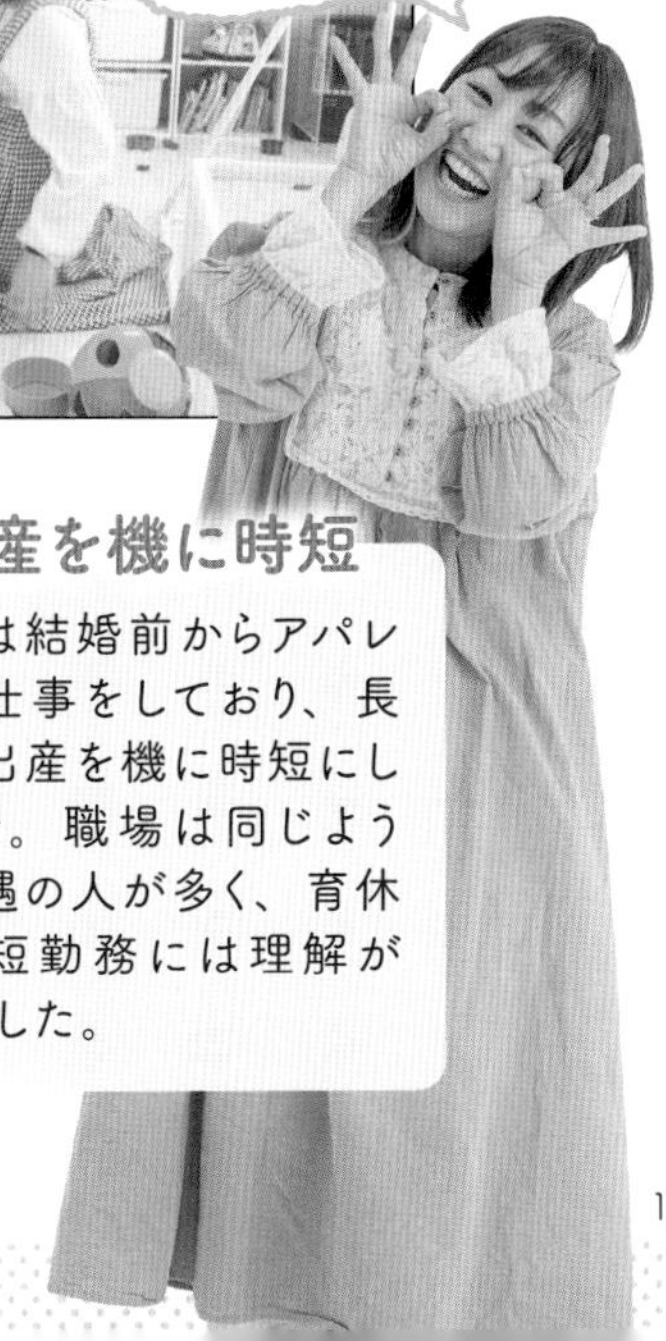
洋服が好きなので天職でした！

出産を機に時短

ママは結婚前からアパレルの仕事をしており、長女の出産を機に時短にしました。職場は同じような境遇の人が多く、育休や時短勤務には理解がありました。

体調を考えて転職

ママの持病が再発したり、子どもも増えてきたので、自営業の写真館で働くことに。ある程度自由がきくので、体調も無理なく働けるのではと思います。

写真館で会えるかも♪

29 超多忙な中どこで休憩してる？

スキマ時間の息抜きは？

子育て・家事をしながらではなかなかまとまって休む時間はとれないもの。ふとした時間にできる息抜き法は？

ながら視聴

家事や運転をしながら動画を見たり、ドラマやアニメをかけたり。ママはライフハック系や好きなクリエイターさんの動画を見て癒やされています。

運転中は好きな動画を流しています

動画の研究

パパは常に何かしら動いていたいタイプなので、スキマ時間でも動画のネタを考えたり、TikTokなどを見て流行をチェックしたりしています。

夫婦でまったりする時間も◎

隠れてお菓子

家でイライラしてしまった時や疲れた時など、キッチンに隠れてこっそりチョコレートを食べることも。

30 何にもやる気が出ない時は？

パパ・ママ休業日の家事・育児は？

だるくてなーんにもする気が起きないって時、ありますよね。そんな時は育児・家事はどうしてますか？

家事はほぼしない

ごはんはお茶漬けやふりかけごはん、カップラーメンなどで済ませてしまいます。そんな時のためにいくつかストックをしておきます。

焼さば
焼さば
ゆか
鮭
のりあーど

たまにはママ業も閉店です

見守るだけ

子どもたちが「ママ〜！」と言ってきても、「ママちょっと疲れてるんだ」と言って何もせず隣で見守っています。

ゴロゴロする

眠い時や疲れた時は、ヒマさえあれば横になります。子どもたちが乗ってきてほとんど休まらないですが、ほんの少しでも体力を回復させたいところです。

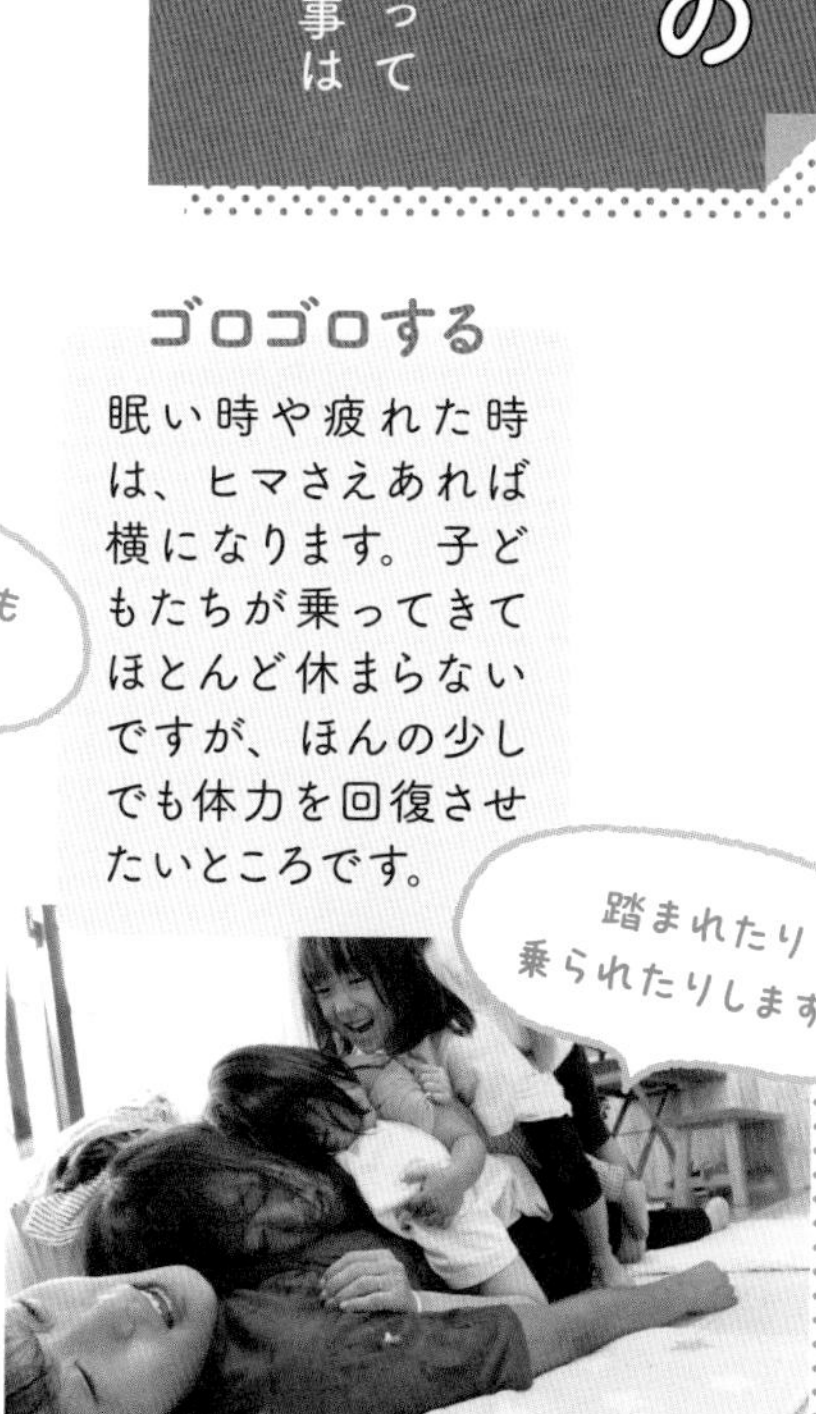
踏まれたり乗られたりします…

COLUMN 03

ひろぴーファミリー おそろいコーデ

春・夏 Collection

我が家の仲よしの秘訣はコーデにも表れています!

Tシャツだけなら合わせやすい!

花より団子…

旅行の時はおそろいがキホン!

PART 3

夫婦関係から家事・育児まで ひろぴーファミリーに50の質問

相手への
不満を抱いた時は
どうする？

夜泣きの対応は
どうしてた？

結婚の
決め手は？

夫婦関係のこと

Q.01
結婚の決め手は？

A. 一生守りたいと思ったから

直感です！

ママは付き合った当初から僕のやりたいことを応援し、信じて付いてきてくれたので、結婚したいと思いました（パパ）。私も付き合った時から「この人と結婚したい」と思っていました（ママ）。

Q.02
結婚してよかったことは？

A. 心の拠り所ができたこと！

味方が増えたこと

パパはいつも私の味方でいてくれます。私のことを自分のことのように思ってくれる人がいつもそばにいるというのは、とても心強いです（ママ）。

Q.03
パパに育児に積極的になってもらうには？

A. やってほしいことをやってほしい時に伝えています！

長女が産まれた頃は土日もワンオペでしたし、パパは今ほど育児に参加していたわけではありませんでした。2人目を妊娠した頃にパパが転職をしてからは、自発的に育児に参加してくれるようになりました。私からは育児でも家事でもパパにやってほしいことがあったら、言葉でちゃんと伝えるようにしています。

2度目のプロポーズ！

Q.04
夫婦関係は子どもができて変わった？

A.

ずっと変わらずラブラブです！

付き合った時、同棲した時、結婚した時、家族ができた時。さまざまな節目がありましたが、振り返ってみるとどの節目も常に一緒でラブラブです！（パパ）
２人きりで話す時間が毎日あったり、その時の気持ちやしてほしいことをお互いに話せたりしていることが、夫婦関係が変わらずにいられた大きな要因かも（ママ）。

Q.05
相手への不満を抱いた時はどうする？

A.

よく考えて、環境を整えてから伝える

小さいことは気にしない性格なので基本はスルーしますが、どうしても直してほしい時は機嫌や状況を整えてベストな状態で伝えます（パパ）。自分に悪かったところがなかったかをよく考えてから伝えるようにしています（ママ）。

記念日には感謝の手紙を

Q.06
相手への感謝の伝え方、ほめ方は？

A.

ちょっとしたことでも「ありがとう」を伝える

かわいいと思ったら「かわいい」、かっこいいと思ったら「かっこいい」、すごいと思ったら「すごい」、ちょっとしたことでも「ありがとう」を口に出して躊躇なく伝え合っています。もし相手に「最近言ってくれないな」と感じたら、「言ってほしい」と伝えています。

漢《おとこ》ですから…

Q.07

ママの好きなところは？

A. いつも味方でいてくれるところ

目

爪がかわいい

爪がかわいい

どんな時も僕を応援して付いてきてくれますし、味方でいてくれます。結婚の決め手もそこでした（パパ）。

Q.08

パパの好きなところは？

A. 発想が豊かなところ

かっこいい髪の毛

手

手

昔から発想のセンスが飛びぬけていて、努力家。新しいことにどんどん挑戦していく姿を見ていて、すごいなあと思っています（ママ）。

Q.09

パパ・ママの直してほしいところは？

A. どこでも寝ちゃうところ

洋服を反対に着るところ

今後の話し合いをする重要な動画の撮影中でも寝てしまうことがあったので、できれば起きていてほしいかも…（パパ）。裏表を気にする時間があったらほかのことをしたいらしいのですが、もう少し気にしてほしいです（ママ）。

Q.10
今まででで一番大きなケンカは？

A. ボケをカットされたこと

特にないです

ママがYouTubeの動画を編集してくれていた時に、僕の渾身のボケをカットしていて、「あれはないよ～！」と言ったことがありました（パパ）。

私が何か言ったとしてもパパが言い返すこともないですし、基本的にお互い日々話し合うので、ケンカの記憶がほとんどありません（ママ）。

Q.11
相手への愛情表現は？

A.

毎日のスキンシップ

寝る前のキスやおはようのハグは、たとえ機嫌が悪い時でも毎日するようにしています。あとは必ず同じ布団で寝るようにしています。

Q.12
子育ての考え方はどうやって共有している？

A.

必要な時に話し合う

お互いこだわりはあまりないので、子どもの特性と性格を見て、「この子にはこの対応がいいよね」とその時々で伝え合っています。思うことがあれば寝かしつけの後に話し合う習慣に。

Q.13

子どもが生まれてよかったことは？

A. 礼儀を一から学び直せること

味方が増えたこと

子どもたちは親の背中を見ているので、今一度、礼儀などを学び直して実践できることはよかったなと思います（パパ）。癒やしをくれる味方がそばにいることです。髪を切ったりネイルを変えたら「かわいい」とほめてくれるかわいい友だちみたいで楽しいです（ママ）。

Q.15

パパ・ママの尊敬する人は？

A. ママ

パパ

ママは僕が苦手なスケジュールや物の管理がとにかくうまい。それに自分の苦手なことでも柔軟に対応できるところもすごいなと思います（パパ）。

Q.14

育児と仕事とYouTubeを両立させるモチベーションは？

A.

いろんな体験ができること

家族でさまざまな体験ができるというのはモチベーションになっています。YouTube をやっているからこそ海外や日本全国に行ったり、普通では体験できない楽しいことを経験することができていると思います。それから、フォロワーさんからの嬉しいコメントを見ると、やる気をもらえます。

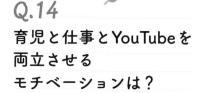

Q.17
パパ・ママの「これだけは譲れない！」ことは？

A. 美容

若い頃はニキビに悩んでいたこともあって、20歳頃から美容を意識していました。朝晩の洗顔から始まり化粧水や乳液、脱毛、シミ・そばかす・ホクロ除去など、美容に関しては徹底しています（パパ）。まつげパーマやネイルには毎月行っています。自分のモチベーションにもなるのでこれだけは絶対です！（ママ）

手作り衣裳！

Q.16
パパ・ママの趣味は？

A. 仕事

ハンドメイド

何かをしていないと落ち着かない人間なので、仕事や編集、動画の企画などいつも何かしら考えています（パパ）。もともと裁縫が好きだったので、子どもたちの服をハンドメイドで作ることも。写真を撮るのも好きだったので、今の仕事やSNS活動にも活かされていると思います（ママ）。

Q.18
パパ・ママのストレス解消法は？

A. 筋トレ

甘い物を食べる

週1回、平日の寝かしつけ後に1時間くらいジムに行かせてもらって、トレーニングしています。子育ては体力勝負なので！（パパ）　あまりストレスを感じないのですが、イライラした時は、おいしいものや甘いものを子どもたちに隠れてこっそり食べています（ママ）。

Q.19
理想の老後の過ごし方は？

A. 孫と旅行

孫に服を作りたい

孫をただただかわいがりたいので、早くおばあちゃんになりたいです。迷惑じゃなければ、孫たちにもハンドメイドで洋服を作ってあげたい。子どもたちにとって帰ってきやすい環境でのんびり暮らすのが理想です（ママ）。

Q.20
嫁姑問題、ある？

A. 自分次第と考えています

いい人過ぎて、良好です

妻と僕の両親との関係は、僕次第だと思っています。どちらも立てられるよう、仮に自分が犠牲になっても良好な関係を保てるようにしています（パパ）。義母がいい人過ぎて、いいお付き合いができています。私もいい嫁にならなくては…！（ママ）

Q.21
ママ友、パパ友はいる？

A. ファミリーインフルエンサーの方々

ママ友はほどよくいます

同じ発信者として、普段は話せない悩みなどを共有してパワーをもらっています。家族同士でカラオケや遊園地などに行くことも（パパ）。ママ友は少人数。仲のいいママ友とランチに行ったり、遊んだりしています（ママ）。

Q.22
子どものお金はどうやって管理してる？

A. パパにおまかせ

完全にパパが管理しています。お年玉やお祝いでもらったお金は、子どもたち１人１人の口座に入れて、積立投資などを利用して運用しています。18歳になった時に渡そうかなと（パパ）。

大変だけど楽しいです！

Q.23
子どもの人数が増えて変わったことは？

A. 3人目からは変わらない
賑やかさとかわいさ倍増

２人目までは忙しさや疲労感が倍増しましたが、３人目からはあまり変わりません。上の子がお世話してくれるようにもなりますし、親も慣れてきます（パパ）。とっても賑やかになりましたし、時間が倍速で過ぎていきます。そしてかわいさも人数分に比例して倍増！（ママ）

Q.24
ママの得意料理は？

A. 肉じゃが

しらたきとじゃがいもが好きなのでいっぱい入れて作ります。次の日はカレーみたいにごはんにかけて肉じゃがごはんにすると、子どもたちは喜んで食べてくれます（ママ）。

ママのごはんは
何でもおいしい！

Q.25
パパの得意料理は？

A. ひじきの煮物

大学生の時にばあばにほうれん草のお浸しや筑前煮などの作り方を教えてもらいました。中でも得意だったのが「ひじきの煮物」。実際子どもが生まれてからはそんなに作ってはいないけれど（笑）（パパ）。

Q.26
子どもたちに人気のメニューは？

A. ハンバーグと唐揚げ

「ザ・子どもが好きなもの」がやっぱり人気です。チーズをのせたハンバーグやしっかり漬けこんでお肉に味を染み込ませた唐揚げは子どもたちウケがいいです（ママ）。

Q.27
冷蔵庫の必須アイテムは？

A. 棒アイスと鮭フレーク

どうしてもお風呂に入らない時にお風呂で食べさせたりするので、棒アイスは必ず冷凍庫にあります。ごはんにかけたりスクランブルエッグに入れたりといろいろな料理に使える「鮭フレーク」も必須（ママ）。

Q.28
毎日の献立はどうやって決める？

A. 子どもたちのリクエストも参考に！

朝、子どもたちに何が食べたいか聞くこともありますし、買い物に行った時にパッと考えることも。基本的にはその日に決めています。大人気メニューのハンバーグは常に冷凍庫にストックしています（ママ）。

家でカラオケも

Q.29
おすすめの家電は？

A. プロジェクター

鼻水吸引器

我が家はテレビをやめてプロジェクターにしました。シーリングライトにもなるし、ゲームも映画もYouTube観賞もプロジェクターを活用中。場所も取らないので、勉強机を置くスペースもできました（パパ）。育児グッズとしては子どもたちの鼻水吸引器は必須です（ママ）。

Q.30

妊娠中に心がけていることは？

A. ママの気持ちに寄り添うこと

無理しない、がんばりすぎない、太りすぎない

100％共感してあげることは難しいかもしれないけれど、「気分が悪いんだね」とできる限り気持ちに寄り添うことを心がけています。また、先を見越して家事なども進んでやっています（パパ）。体調や気分が悪かったら家事もお休み。とにかく頑張り過ぎないことを意識しています。ほかにも、体が冷えないよう足首などを温めるようにしています（ママ）。

Q.31

下の子を妊娠中や出産後、上の子へのケアは？

A. 下の子を特別扱いしない

「妹ばっかりいいな」とならないように上の子たちも育児に参加してもらって、一緒にあやしたりしています。赤ちゃんを特別扱いすることなく、上の子だけと過ごす時間をしっかり作っています（パパ）。「赤ちゃんかわいいね」を強要しないこと。赤ちゃんより上の子たちを気にかけるように意識しています（ママ）。

Q.32

3姉妹の出産エピソードを教えてください！

A. めちゃ大変　少しラク　スピード出産

ひなたは予定日から3日遅れで産まれて、分娩時間は17時間くらい。家にいる時に出血して、ちょっとパニックにもなりました。産後、便秘にも悩まされて大変だった印象です。ひまりの時は健診日に入院して、院内を歩き回っていたら次の日にはもう産まれました。出産としてはラクな方だったかも。ひよりの時は4時間のスピード出産でした（ママ）。

Q.33
授乳はスムーズだった？

A. 完母やミルクとの混合もありつつ1歳で卒乳

ひなたの時は母乳だけでした。ひまりは産まれてからしばらくは母乳で、途中から足りなくなってミルクとの混合、最終的には完ミに。ひよりの時は、飲みっぷりがすごいので途中から乳首が切れてものすごく痛くて。半年頃からミルクにしました。哺乳瓶拒否でしたが、いろんな乳首やミルクを試してなんとか完ミに。3人とも離乳食もよく食べていたので、1歳くらいで卒乳しました（ママ）。

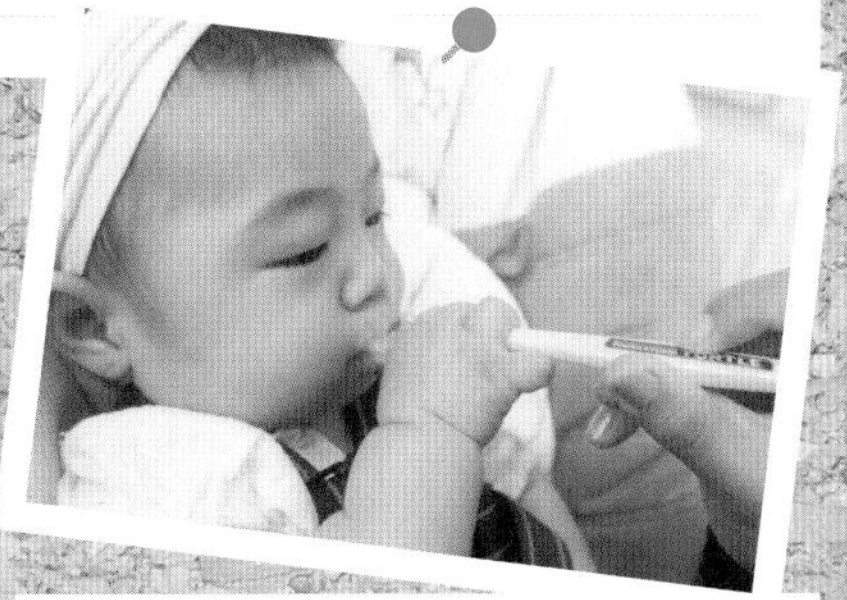

Q.35
離乳食はいつから始めた？

A. 5か月～5か月半から。3人ともよく食べました

ひなたは最初はスムーズに食べてくれていたのですが、ちょっと経ってから突然ベビーフードを拒否するように。手作りだと何でも食べてくれてはいましたが、量は少ない方でした。ひまりとひよりはかなりスムーズで、最初から何でもいっぱい食べてくれました（ママ）。

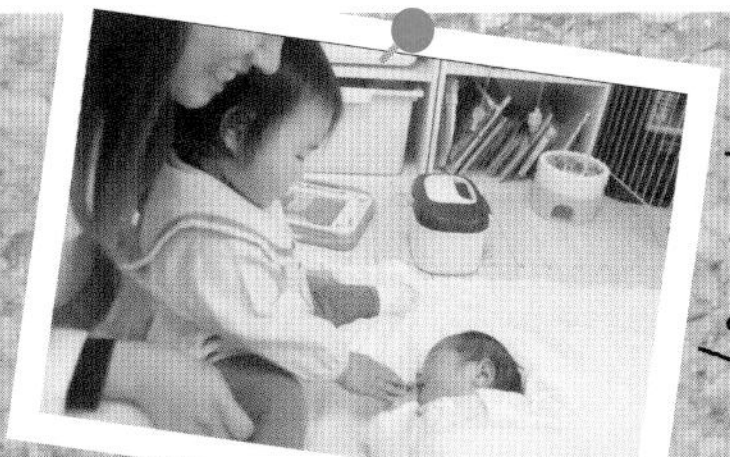

ばぶ ひまひよ

Q.34
夜泣きの対応はどうしてた？

A. 基本ママ、時々パパ対応

ひまり、ひよりは保育園に行き出した1歳半くらいの頃から夜泣きがありました。基本はママが対応して、起きていたらパパがあやしてくれることも。夜泣きの時には、ほかの子を起こさないよう寝室から出て、お茶を飲んだりして少し落ち着かせてからもう1回寝かしつけていました（ママ）。

Q.36
育休中はどうやって過ごした？

A. 赤ちゃんだけとの時間をとにかく大切に

赤ちゃんを連れてお昼寝アートや植物などの写真撮りに出かけたり、ママ友主催のイベントに行ったり、上の子たちを保育園に預けて赤ちゃん一人だけと過ごす時間を大切にしていました（ママ）。

Q.38
3姉妹の習いごとは？

A. ピアノ、体操、ダンス
体操のみ

子どもたちが「やりたい」と言ったものを始めてみて、「やりたくない」と言うまでは続けさせるつもりです。今後は水泳もやってほしいなと思っています（ママ）。

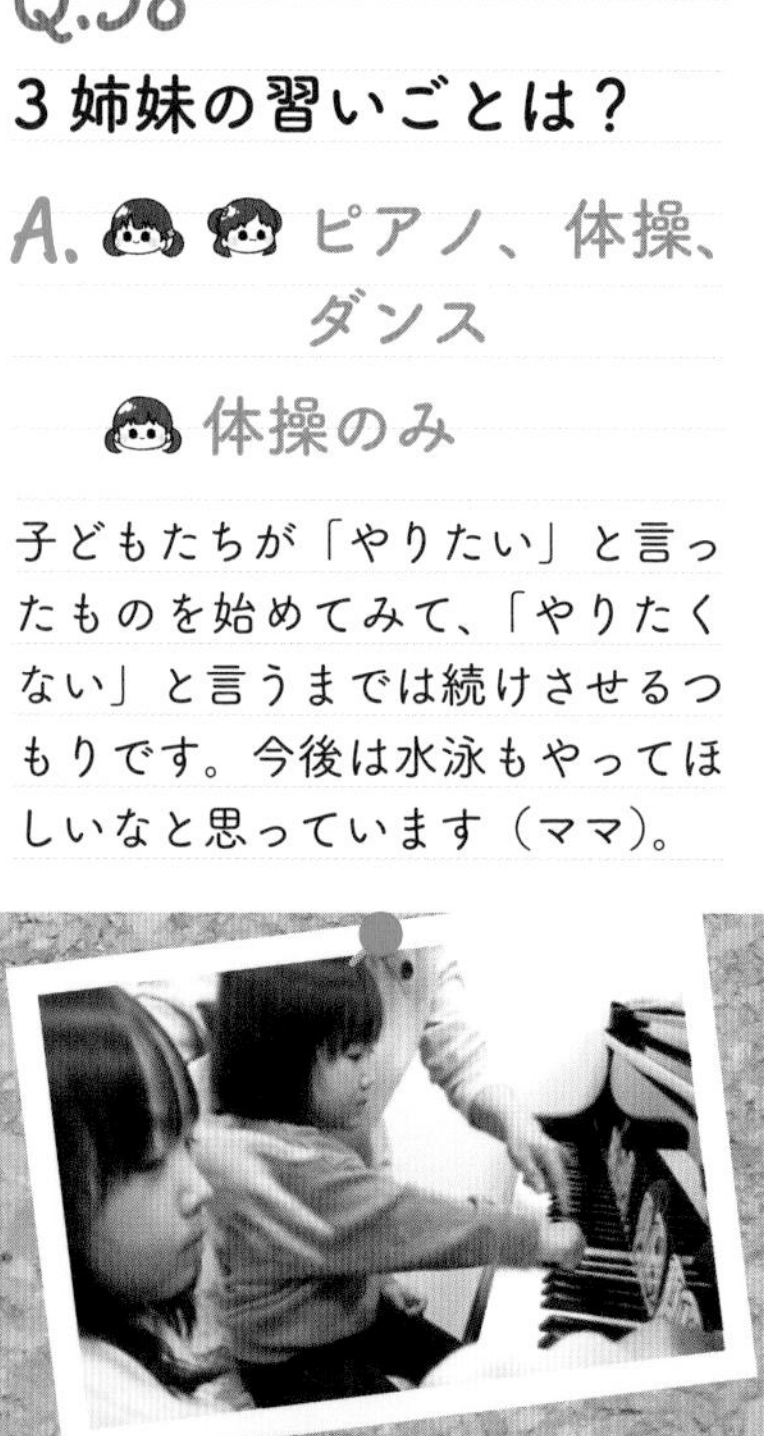

Q.37
パパイヤ期はどうやって接していた？

A. 諦めずにコミュニケーションをとる
パパのいいところを伝える

諦めてママに任せてしまうのはNG！ 好きな人を振り向かせるのと一緒で、どうやったらパパを好きになってくれるかを考えながら諦めずにアタックし続けます！（パパ）

「パパ悲しいよ」とパパの気持ちやパパのいいところもたくさん伝えていました。ひなたはあまりなかったのですが、ひまりは2歳くらいの時ひどかったです。ひよりは最近パパイヤ期かも（ママ）。

Q.40
知育はどんなことをしている？

A.

“体験”を重視！

ドリルやパズルなど知育系のおもちゃを意識していた時期もありましたが、「ちょっとだけやっても変わらない」と思うようになりました。知育に力を入れるよりは、とにかくたくさんのことを体験させ、さまざまな経験を積ませることを重視しています（ママ）。

なかなかできない体験！

Q.39
育児で参考にしている人や本はある？

A.

特にありません

育児で悩むことがあったら、「ネントレ」などはその都度ネットで調べてはいましたが、育児本などはあまり読む方ではありませんでした（ママ）。

Q.41
小学校準備、これだけはやっておくべきことは？

A. 友だちとのコミュニケーション

自分のことは自分でする

「自分が言われて嫌なことは言わない」など、他人の気持ちを考えて行動できるように、コミュニケーションの取り方を伝えておくのは必要かなと思います（パパ）。集団生活になるので、時計を見せながら「○時になったら起きる」などの習慣づけを意識しています。保育園の準備などを通して自分のことは自分でやるようにさせるようにもしています（ママ）。

Q.43

3姉妹の将来の夢は？

A. ケーキ屋さん

お姫様、
チョコレート屋さん

アンパンマン、
バナナ屋さん

ひまりとひよりは日によって夢が変わるのですが、今はひまりはチョコレート屋さん、ひよりは大好きなバナナに興味津々のようです（ママ）。

Q.42

3姉妹はどんな性格？

A. しっかり、慎重派

自由人、
おちゃらけ

甘えん坊

性格は、ひなたがママに似ていて、ひまりはパパに似ているかも。ひよりはとにかく甘え上手です。私が長女なこともあって、ひなたの気持ちが一番理解しやすいかもしれません（ママ）。

Q.44

子どもたちにどんな大人になってほしい？

A. 他人を思いやれる人

誰かにしてあげる親切は、めぐりめぐって自分にもいい形で返ってくると思っているので、（パパ）。他人に流されるのではなく、芯を持ち、自分の考えで生きていける人になってほしいです。そして何より、思いやりを大切に（ママ）。

Q.45
ファミリーの弱点は？

A. 物忘れが激しいこと　即行動ができないこと
忘れ物が多い　頑固　泣き虫

僕は物忘れ激しめです…。シャツの前後ろもよく反対に着ていて、ママに指摘されて気が付きます（パパ）。やらなくてはいけないことをつい後回しにしてしまうところ…直したいなとは思っています（ママ）。

Q.47
YouTubeを始めてよかったことは？

A. 「189」を多くの人に知ってもらえるようになったこと
いろんな経験を通して世界が広がったこと

児童相談所虐待対応ダイヤルの「189」やオレンジリボンの存在を僕らの動画で知ったという方が幅広い世代いらっしゃって、コメントが来る度に嬉しく思います（パパ）。海外での撮影やイベント出演、コラボ動画など普通ではなかなかできない体験を家族で味わえていることがよかったなあと感じます（ママ）。

Q.46
ファミリーの特技は？

A. モノマネ
どこでもすぐ寝られる
お絵描き
変顔
ウソ泣き

モノマネは学生の頃、学園祭でも披露していました。レパートリーはミッキーやニャンちゅう、ちびまるこちゃんシリーズなどです（パパ）。

Q.48

ファンの方からもらったプレゼントはどうしてる？

A.

使わせてもらったり保管しています！

お菓子はみんなでおいしく頂いていますし、キーホルダーやぬいぐるみなどはばあばのお家や子ども部屋に飾ったり。飾り切れないものは保管しています（パパ）。

Q.49

「ひろぴーファミリー」の今後の目標は？

A.

もっと多くの人に育児のリアルと189を知ってもらうこと

いつかは児童虐待防止のための団体を作って、活動したいという夢があります（パパ）。YouTubeは登録者数の目標を持ちつつも、楽しく続けたいと考えています。個人的には趣味のハンドメイドでマルシェなどに出てみたいな～（ママ）。

Q.50

フォロワーさんにひとことお願いします！

A. いつも応援ありがとうございます♪ 動画発信をして早4年が経ちましたが、皆様に支えられてここまで来ることができました！ これからも家族の成長を温かく見守っていただけたら嬉しいです！ 漢！

いつも温かいコメントに元気をもらっています。これからもよろしくお願いします！

COLUMN 04

ひろぴーファミリー おそろいコーデ

秋・冬 Collection

1年中おそろいづくし！ 子どもが嫌がらないうちの特権です。

記念日は
家族でおそろい！

靴やバッグも
トータルコーデ！

秋の公園で
絶対やるやつ

ひろぴーファミリーママから
ママの読者さんへ

私たちのＹｏｕＴｕｂｅを見た方から、よく「どうしたらパパに育児・家事に協力的になってもらえますか？」という質問をいただきます。

我が家も長女が産まれた当時はまだパパの仕事も忙しく、土日も家にいなかったので、基本的に私のワンオペでした。その頃は一人目ということもあって、何もかも完璧にやろうと無理をして、イライラしてしまうこともたくさんありました。子どものことにばかり意識がいっていたので、夫婦関係も少しギスギスしていたと思います。そんな時にパパから「寂しい」という気持ちを打ち明けられて、ハッとして、そこからは**「気持ちを素直に伝えること」と「夫婦のスキンシップ」を大切にしてきました。**夫婦でいろんな気持ちや意見を交換することで、子育ての考え方や気持ちのズレを修正して、

同じ方向を向けるようになったんだと思います。

それから**「自分にも相手にも完璧を求めない」ということをお互い意識するようになって、イライラする回数が減りました。**

よく「パパに家事をお願いしたら、ちゃんとできていなかった！」なんていう話を耳にしますが、そんな時「ちゃんとやってよ！」と怒るのは簡単だけど、そのまま言ってしまうとお互い嫌な気持ちになってしまいますよね。

我が家でもパパが食洗器に入れてくれたお皿は汚れが残っていることがよくあります（笑）。完璧を求めていたら「お皿は重ねて入れないでよ！」ってイライラしてしまうと思いますが、最初から相手に期待しない気持ちでいれば、まず行動してくれたことに感謝できます。気になる時は「やってくれてありがとう」を伝えてから、「もうちょっとこうしてくれたら嬉しいな～」とやんわりとお願いすればＯＫ。伝え方ってとても大切だなと思うのです。

パパにも期待しない代わりに、私が家事や育児を完璧にできていないことも、とやかく言われることはありません。ただ、洗濯物の

畳み方などどうしても気になるところは自分でやっています。**期待せず、少しでもやってくれたら「ありがとう」を伝えてあげる**と、パパも気持ちよく家事育児をしてくれると思います。

視聴者さんからはほかにも「3人の子育てと仕事と家事をしながらでも、子どもたちに優しく向き合えていてすごいです」といった言葉も、ありがたいことによく言っていただきます。でも私だって、子どもたちのお世話でイライラしてしまうことや、「もうな～んにもしたくない!!」という日ももちろんあります。そんな日は冷凍のハンバーグで手抜きをしたり、子どもたちを見守りつつ床にゴロゴロしたり、隠れてキッチンでこっそりお菓子を食べて元気出したり、日々あらゆる方法を駆使して何とかやる気を保っています。子どもたちに優しく接するには、自分の心に余裕がないとできないです。

だからこの本を読んでくださっているママのみなさんも、**ご自身のご機嫌を取る時間は大切にしてほしい**です。私にとっては「美容」がモチベーションを保つ方法なので、パパにも理解してもらって、必ず月に1度はネイルやまつ毛パーマに出かけています。かわいくなった自分を見てテンションを上げて、また毎日をがんばろうと思えるんです。

ご機嫌になる方法は人によってそれぞれだと思いますが、**ママがほっとしたり笑顔になったりすることは、家族みんなの笑顔にもつながるはず**。ぜひ、力を抜いて適度に、ほどほどに、「ま、いっか!」という精神で、心にちょっとだけ隙間を空けて、限りある子どもたちとの時間を楽しんでいきましょう。

ひろぴーファミリーパパから パパの読者さんへ

まず、このページを読んでくださってありがとうございます。興味を持って、このページを読んでくださっているだけで、みなさんはもう既に素敵なパパさんなんだろうなと思います。

今でこそ育児に参加している僕ですが、**長女が産まれた当時は、土日も仕事、平日も帰宅が遅く、家のことはほとんど妻任せでした。**

子どもが特別好きというわけでもなかった自分の価値観をいとも簡単に変えたのが、子どもの存在でした。腕にすっぽりとおさまるくらい小さくて、息をしているだけでかわいくて。ちょっと目を離すのも不安で、息をしているか心配になって何度も確認しました。

まさに目に入れても痛くないほどかわいい我が子ですが、仕事が帰ってから見るのは寝顔ばかりで、お世話をしたり一緒に遊びに出かけたりする時間がほとんど取れないことにもどかしさを感じてい

ました。そうしているうちに長女は話し出したり歩き出したりとあっという間に大きくなっていったのです。このままでは貴重な子どもの成長を見逃してしまうと、内心焦っていました。

しばらくして、僕は優先順位の最優先を「家庭」にしようと考え、異業種への転職を決意しました。転職をする前は営業の仕事をしていましたが、「営業と子育て」はとても似ていると感じます。**自分がどんな行動をすれば相手からの信頼を得られるか、どんな言葉をかけたら心を動かしてくれるか。**次々と変わるシーンに合わせ、即席で反応し、最善の形に持っていく。営業だけでなく、仕事をしていれば上司や部下、同僚、取引先の人などとコミュニケーションする中で、相手が気持ちよく動いてくれるような言葉かけや行動を意識することがあると思います。

だから僕は、仕事がデキる人は、子育てもデキる可能性を秘めているんじゃないかなと思うんです。そう考えると、世の中のパパさんたちはご自身が思っている以上に、子育て上手になれる人が多いのではないかと思いますし、逆に育児が仕事にいい気づきを与えることも往々にしてあると思います。

昔から「家庭が円満だと、仕事も人生も全てがうまくいく」と言いますが、本当にそうだなと僕自身感じています。

もし今、家庭内でのモヤモヤを抱えている方がいたら、ぜひ、だまされたと思って試してみてほしいことがあります。

・ママ&子どもと毎日必ずスキンシップを取る習慣を作る

・ママの１人時間を作る（美容院やネイル、岩盤浴などに行ってもらう）

・格好つけず、家族の中で一番バカになって、本気で子どもと遊んでみる

この３つです。

仕事も忙しい中で育児や家事となると、コミュニケーションやスキンシップがつい疎かになってしまうと思いますが、そのままにしておくと夫婦間の認識のズレがうまれて、家族みんなが一つになれません。だからこそ、この３つのことを**最初は「形だけでも」続け**

ていくと、少しずついい空気が家庭内に流れてくると思います。パパが一番バカになるなんて、最初は恥ずかしさを感じることもあるかと思いますが、経験上2週間もやると慣れてきます!(笑) ぜひ、試してみてください。

物理的に仕事が忙しくて、子育てに参加したくてもなかなかできないというパパさんも多いと思います。たとえ限られた時間の中でも、**パパがママの笑顔をとにかく一番大切にして、行動と言葉でしっかりと伝えていく!**ママが笑顔でいられれば、その様子を子どもたちもしっかり見ているので、自然と家庭があたたかいものになっていくと思います。パパさんにとってもそれはきっといい環境のはずです。

できることからで構いません。今しかできない子育ての時間を思い切り楽しんでみてください。

全国のパパさんも「男」から「漢」になりましょう!

おわりに

最後まで読んでいただき、ありがとうございました。

考え方や意識を少し変えるだけで、毎日の育児がラクに、そして楽しくなることを私たちも3人の子育ての中で学びました。

この本の中には、今までYouTubeなどで発信してきたことはもちろん、私たち夫婦が大切にしていることや育児の「困った！」を解消するコツなどをまとめています。

今まさに育児中のママさんパパさんが、育児をラクにするヒントや夫婦の絆を深めるきっかけをこの本の中で見つけてくれたなら、とてもとても嬉しいです。

また、未来のパパママさんにとっては、「かわいい」だけでも「大変」だけでもない、子育てのリアルな部分も感じてもらえたら幸いです。

冒頭にも書かせていただきましたが、この本の収益はすべて児童虐待防止団体やひとり親家庭支援団体に寄付を致します。

YouTube動画を始めたきっかけでもあるこの活動を、今後も続けて、いつかは慈善団体を作り、一人でも多くの子どもたちを笑顔にしたい。それが今の目標の一つでもあります。

この本をきっかけに私たちのことを知ってくださった方も、もちろん今までずっと応援してくださっている方も、ぜひ、今後とも私たちのYouTubeやSNSを応援していただけたら嬉しいです。

今しかできない育児。後悔のないように全力で日々楽しみましょうね！

そして、育児に疲れた時は、何度でもこの本のページをめくって、一息ついてみてください。

最後に、この本に携わってくださった皆様、いつもYouTubeやSNSで温かい応援をしてくださっているファンの皆さま、大切な家族、支えてくれている友人たち、本当にいつもありがとうございます。

これからも、ひろぴーファミリーをどうぞ宜しくお願い致します。

2024年4月　ひろぴーファミリー

ひろぴーファミリー

育児のリアルを発信するYouTubeチャンネル「ひろぴーファミリー～楽しく育児～」が登録者数30万人超の人気ファミリーインフルエンサー。3姉妹と夫婦の日常を綴った動画が「癒やされる」「かわいい」と幅広い世代から多数の共感を集めている。児童虐待防止団体の支援活動にも積極的に参加。TikTokアカウント「hiropy」のフォロワー数54万人超などSNS総フォロワー数は120万人を超える。

STAFF

編集	出口圭美
執筆協力	茂木雅世
カバーデザイン	森田千秋（Q.design）
本文デザイン	別府 拓、奥平菜月（Q.design）
イラスト	おぐら もぐ
DTP	G.B. Design House
校正	東京出版サービスセンター
営業	峯尾良久、長谷川みを

育児あるあるが楽しくなる！

子どもゴコロをつかむ子育て

初版発行	2024年6月28日
著者	ひろぴーファミリー
編集発行人	坂尾昌昭
発行所	株式会社G.B. 〒102-0072 東京都千代田区飯田橋4-1-5
電話	03-3221-8013（営業・編集）
FAX	03-3221-8814（ご注文）
URL	https://www.gbnet.co.jp
印刷所	株式会社広済堂ネクスト

感想をお聞かせください！

ISBN 978-4-910428-44-4